Hugo Leoni

Ueber die einwirkung von Natriumäthylat auf

Phenylparakonsäureäthyläther und Phenylbutyrolacton

Hugo Leoni

Ueber die einwirkung von Natriumäthylat auf Phenylparakonsäureäthyläther und Phenylbutyrolacton

ISBN/EAN: 9783744611008

Hergestellt in Europa, USA, Kanada, Australien, Japan

Cover: Foto ©berggeist007 / pixelio.de

Weitere Bücher finden Sie auf **www.hansebooks.com**

Ueber die Einwirkung

von

Natriumäthylat

auf

Phenylparaconsäureäthyläther und Phenylbutyrolacton.

INAUGURAL-DISSERTATION

der

mathematisch-naturwissenschaftlichen Fakultät

der

KAISER-WILHELMS-UNIVERSITÄT STRASSBURG

zur

ERLANGUNG DER DOCTORWÜRDE

vorgelegt von

HUGO . LEONI

aus Mainz.

STRASSBURG

Universitäts-Buchdruckerei von J. H. Ed. Heitz

(Heitz & Mündel)

1888.

Nachstehende Untersuchung wurde auf Veranlassung des Herrn Professor Dr. Fittig im chemischen Institut der Kaiser-Wilhelms-Universität Strassburg ausgeführt. Meinem hochverehrten Lehrer spreche ich für den mir sowohl während meiner Studienzeit, als auch während dieser Arbeit so reichlich ertheilten Rath und Beistand meinen bleibenden und aufrichtigen Dank aus.

Einleitung.

Die Untersuchungen über Teraconsäure, welche Herr Professor F i t t i g im Verein mit seinen Schülern G e i s l e r, R o s e r und F r o s t ausführte, ergaben, dass diese zweibasische Säure einerseits, und zwar in kleiner Menge, durch rasche Destillation[1] der mit ihr isomeren Terebinsäure, anderseits und mit vorzüglicher Ausbeute durch Einwirkung von Natrium oder Natriumäthylat auf Terebinsäureäthyläther[2] gewonnen werden kann. Der erstere Uebergang entspricht ganz der von S w a r t s[3] beobachteten Bildung von Citraconsäure-Anhydrid bei der Destillation der Paraconsäure; die letztere Darstellungsweise aus Terebinsäureäthyläther lieferte eine bequeme Methode zur Bereitung grösserer Mengen von Teraconsäure.

In Folge der Analogie, welche zwischen der Phenylparaconsäure und der Terebinsäure besteht, lag es nahe, eine gleiche Untersuchung auch bei der erstgenannten Lactonsäure anzustellen, um zu sehen, ob dieselbe ebenfalls zu einer zweibasischen Säure führt und ob so die von R o s e r aufgefundene Reaction mit Natriumäthylat sich allgemein zur Umwandlung der der Terebinsäure analog constituirten Lactonsäuren — auch der aromatischen — in die isomeren zweibasischen Säuren

---

[1] Carl Geisler, Annalen d. Chemie, Bd. 208, p. 39.
[2] W. Roser, Annalen 220, p. 254.
[3] Zeitschrift f. Chemie 1867, p. 651.

anwenden lässt. In diesem Sinne unternahm ich auf Veranlassung von Herrn Professor F i t t i g die im Folgenden beschriebenen Versuche über die Einwirkung von Natrium und Natriumäthylat auf Phenylparaconsäureäthyläther.

Gleichzeitig übernahm Herr S c h i f f e r im hiesigen Laboratorium: das Studium der aus Isophenylcrotonsäure durch Anlagerung von Brom gebildeten Phenyldibrombuttersäure und behandelte dieselbe mit kohlensaurem Natrium und mit warmem Wasser. Er erhielt dabei Phenyl-β-Brombutyrolacton und fand, dass dieses gebromte Lacton durch längere Einwirkung von kohlensaurem Natrium in der Kälte oder, mit noch besserer Ausbeute, durch Kochen mit Wasser in Benzoylpropionsäure übergeführt werden kann. Diese Arbeit bewies von Neuem, dass das Verhalten der halogensubstituirten Säuren wesentlich von der relativen Stellung des Halogenatoms zu der Carboxylgruppe abhängt. Es war daher wünschenswerth, auch noch auf anderem Wege derartige gebromte Säuren darzustellen. Die Untersuchung der uns beschäftigenden Reaction bot eine Gelegenheit dar, zu denselben zu gelangen.

Es erübrigt mir, hier noch darauf hinzuweisen, dass P u r d i e gleichfalls Versuche über die Einwirkung von Natriumäthylat auf Säureester, nämlich auf Fumarsäureester und Maleïnsäureester angestellt hat und dabei eine Anlagerung der Elemente eines Moleküls Alkohol an das Molekül der ungesättigten Ester erreichte, wodurch Aethoxybernsternsäureester entstand. P u r d i e[1] erklärt die von ihm beobachteten Thatsachen wie folgt:

$$CH . COOC^2H^5 \atop \| \atop CH . COOC^2H^5 \quad + NaO . C^2H^5 = \quad CH . Na . COOC^2H^5 \atop | \atop CH . OC_2H_3 . COOC^2H^5$$

---

[1] Journal of the chemical Society, Transactions 1881, p. 344; d" 1885, p. 855; d" 1887, p. 627.

$$\begin{array}{c} CH.Na.COOC^2H^5 \\ | \\ CH.OC^2H^5.COOC^2H^5 \end{array} + C^2H^5.OH = \begin{array}{c} CH^2.COOC^2H^5 \\ | \\ CH.OC^2H^5.COOC^2H^5 \end{array} + C^2H^5.ONa$$

Auf die gleiche Art und Weise wurden seitdem mehrere ungesättigte Ester mit alkoholischem Alkali in gesättigte Verbindungen übergeführt. Claisen und Crismer[1] verwandelten so Benzalmalonsäureester durch Verseifung mit alkoholischem Kali in äthoxybenzylmalonsaures Kalium:

$$C^6H^5 - CH = C\begin{array}{c} \diagup COOC^2H^5 \\ \diagdown COOC^2H^5 \end{array} + C^2H^5OH + 2\ KOH =$$

$$= C^6H^5 - CH - CH\begin{array}{c} \diagup COOK \\ \diagdown COOK \end{array} + 2.C^2H^5.OH$$
$$\qquad\qquad | \atop OC^2H^5$$

Da bei der Reaction, womit wir uns beschäftigen, das Salz einer ungesättigten Aethersäure entstehen konnte, so war auch hier durch weitere Einwirkung von Natriumäthylat eine Anlagerung der Elemente eines Alkoholmoleküls unter Bildung des Salzes einer gesättigten Oxysäure denkbar.

Ganz am Schlusse werde ich noch einige Versuche über die Einwirkung von Natriumäthylat auf Phenylbutyrolacton mittheilen, welche in der Erwartung, eine Condensation zweier Lactonmoleküle zu bewirken, ausgeführt wurden.

Ich will nun zunächst die Darstellung des Ausgangsmaterials angeben und dann zur Beschreibung der Versuche schreiten.

---

[1] Annalen 218, p. 141.

Darstellung von Phenylparaconsäure.

Die Phenylparaconsäure wurde nach den Angaben von Jayne, Erdmann und Morris durch Erwärmen gleicher Moleküle von fein gepulvertem, bei 140° getrocknetem bernsteinsaurem Natrium, Benzaldehyd und Essigsäureanhydrid bereitet, und zwar wandte ich stets Portionen von 160 gr bernsteinsaurem Natrium, 94 gr Benzaldehyd und 102 gr Essigsäureanhydrid an. Dabei muss zum Natriumsalz zuerst Benzaldehyd und dann erst Essigsäureanhydrid zugefügt werden, da bei Anwendung der umgekehrten Reihenfolge Natriumsalz und Essigsäureanhydrid eine steinharte Masse bilden, welche sich mit Benzaldehyd nicht mehr gut mischen lässt. Das Gemisch wird stark geschüttelt und dann im Paraffinbad erhitzt. Es ist rathsam, die Operation in einem mit Kühlrohr versehenen, zur Hälfte mit dem Reactionsgemische gefüllten Kolben vorzunehmen. Bei allmäligem Erhitzen auf 120° bildet sich zunächst Phenylparaconsäure, und die Masse färbt sich dabei schwach gelb, aber schon nach ungefähr einer Stunde bräunt sie sich und wird immer dunkler; Kohlensäure entweicht, und ein Theil der gebildeten Phenylparaconsäure verwandelt sich in Isophenylcrotonsäure, wobei freilich ein kleiner Theil der braunen Masse verharzt; gleichwohl ist nach vierstündigem Erhitzen die Ausbeute an Phenylparaconsäure recht befriedigend. Erwärmt man hingegen auf dem Wasserbad etwa 8 bis 10 Stunden lang, so bleibt das Product bis zu Ende gelb gefärbt; man erhält dabei fast nur Phenylparaconsäure und höchstens Spuren von Isophenylcrotonsäure, ohne dass irgend welche Verharzung eintritt. Doch bleibt bei letzterem Verfahren etwas mehr bernsteinsaures Natrium unzersetzt als bei ersterem. Die beste Ausbeute von Phenylparaconsäure wird erzielt, wenn sich die Condensation im Salzbade bei 108—110° vollzieht;

nach 6stündigem Erhitzen wird dann die heisse Reactions-
masse mit siedendem Wasser übergossen und das unverbrauchte Benzaldehyd mit Wasserdämpfen übergetrieben. Nun
wird die Flüssigkeit durch ein Faltenfilter gegossen und in
einer Porzellanschale auf dem Wasserbad unter Zusatz von
Wasser wiederholt stark eingedampft, um die Essigsäure zu
verjagen. Dann setzt man vorsichtig Salzsäure zu, um die
Essigsäure aus dem in der Lösung befindlichen essigsauren
Natrium in Freiheit zu setzen, und dampft auch diese ab. Zuletzt wird nochmals mit heissem Wasser versetzt und von den
ausgeschiedenen, durch essigsaures Natrium vorher in Lösung
gehaltenen harzigen Producten abfiltrirt. Die erkaltete Lösung
wird mit verdünnter Salzsäure (1 vol. conc. Salzsäure und
2 vol. Wasser) stark angesäuert, das gefällte Säuregemisch
abfiltrirt und mit kaltem Wasser ausgewaschen. Der Niederschlag enthält hauptsächlich Phenylparaconsäure neben wenig
Isophenylcrotonsäure. Im Filtrat ist noch etwas Phenylparaconsäure, die nach gelindem Eindampfen zum Theil auskrystallisirt.
Die Mutterlauge wird noch einige Mal mit Aether ausgeschüttelt,
um ihr alle Lactonsäure zu entziehen. In der sauren Lösung
befindet sich jetzt fast nur noch Bernsteinsäure, die sich schwer
in Aether löst und von Phenylparaconsäure leicht durch getrocknetes Chloroform getrennt werden kann, worin sie völlig
unlöslich ist.

Die abfiltrirten und abgepressten Säuren werden getrocknet,
gepulvert und in einem Kolben am Rückflusskühler mit
Schwefelkohlenstoff auf dem Wasserbad digerirt; man filtrirt
alsdann und erhitzt den Niederschlag nochmals mit Schwefelkohlenstoff, der nun nur noch sehr wenig Isophenylcrotonsäure
löst. Die zurückgebliebene Phenylparaconsäure wird aus
siedendem Wasser umkrystallisirt, wobei man durch Decan-
tiren von Harzresten trennt, welche am Boden der Gefässe
haften.

Die reine, $1/4$ Molekül Krystallwasser enthaltende Phenylparaconsäure schmilzt bei 99°, die wasserfreie bei 120°. Jayne[1] gibt für letztere 109° als Schmelzpunkt an, aber genaue Versuche, welche Herr R ö d e r s hier auf Veranlassung von Herrn Professor F i t t i g ausführte, ergaben 120° als Schmelzpunkt der völlig entwässerten Phenylparaconsäure.

Darstellung von Phenylparaconsäureäthyläther.

50 gr trockene Phenylparaconsäure wurden mit dem Vierfachen der zur Bildung des Esters nothwendigen Menge absoluten Alkohols versetzt (verwendet wurden 44,7 gr abs. Alkohol, berechnet 11,2 gr). Darin wurde zuerst in der Kälte, dann auf dem Wasserbad und zuletzt nochmals kalt getrocknetes Salzsäuregas eingeleitet, bis nichts mehr absorbirt ward. Hierauf destillirte ich den überschüssigen Alkohol aus dem Salzbad ab und schied durch Eiswasser den Ester als Oel ab, das mit Wasser und dann mit Sodalösung gewaschen wurde. Der Ester ward der alkalischen Lösung durch mehrmaliges Extrahiren mit Aether, wovon er sehr leicht aufgenommen wurde, entzogen und der ätherische Auszug mit Chlorcalcium entwässert. Schliesslich wurde nach dem Abdestilliren des Aethers der Ester selbst mit einem kleinen Stückchen geschmolzenen Chlorcalciums getrocknet.

In der alkalischen mit Aether erschöpften Flüssigkeit befand sich noch etwas unveränderte Phenylparaconsäure, wovon der grösste Theil nach dem Ansäuern ausfiel und abfiltrirt wurde; durch Eindampfen der Lösung und Ausziehen derselben mit Aether konnte noch mehr Säure gewonnen werden.

Beim Erhitzen des getrockneten Esters ging bei 200° mit

---

[1] H. W. Jayne, Annalen 216, p. 100.

Salzsäuredämpfen ein chlorhaltiges Oel über, das ein ziemlich unbeständiges Anlagerungsproduct von Chlorwasserstoffsäure an Phenylparaconsäureester sein dürfte, indem es bereits beim Destilliren in seine Bestandtheile gespalten wurde. Ein ähnliches, leicht zerlegbares Product erhielt Morris[1] beim Zusammenbringen von Phenylbutyrolacton mit bei 0° gesättigter wässeriger Salzsäure.

Erst weit über 360° ging Phenylparaconsäureäthyläther über, wie es schien, ohne Zersetzung. Nachdem bei Weitem die Hauptmenge desselben überdestillirt war, trat eine Zersetzung ein; der Ester färbte sich gelb, und in der Kühlröhre setzten sich schöne rothe Krystalle ab, welche in Aether und Eisessig löslich waren und vermuthlich ein Naphtalinderivat repräsentirten, wonach Erdmann[2] beim Erhitzen des Esters unter Rückfluss vergebens gesucht hatte; ihm blieb dabei nur eine feste Harzmasse übrig. — Erdmanns Analysen des Phenylparaconsäureäthyläthers geben einen zu hohen Kohlenstoffgehalt an, was er durch eine Beimengung von Phenylitamalsäureäther(?) erklärt, welcher beim Kochen mit Ammoniak ungelöst zurückblieb.

Aus 3,8125 gr des über 360° übergegangenen Esters, die ich durch Kochen mit Natronlauge verseifte, mit Salzsäure fällte und nach dem Filtriren mit Aether extrahirte, erhielt ich 3,3520 (statt 3,3563) gr reine Phenylparaconsäure, wodurch die Reinheit des Esters erwiesen war.

Eine bessere Ausbeute an Ester erhielt ich, als ich aus dem Oelbad unter vermindertem Druck destillirte. Der Destillirkolben war mit einer kurzen Kühlröhre verbunden, diese führte zu einer kleinen Vorlage, welche vermittelst einer knieförmig gebogenen Glasröhre an eine Wasserluftpumpe angeschlossen

---

[1] L. J. Morris, Dissertation, Philadelphia 1884.
[2] Hugo Erdmann, Berichte XVII, p. 415.

wurde. So konnte der ganze Apparat leer gepumpt werden, und ferner gelang es leicht, mit Hilfe eines in den Vorstoss eingeschmolzenen Dreiweghahnes, beim Wechseln der Vorlage letztere allein mit der Atmosphäre in Verbindung zu bringen, während Destillirkolben und Kühlröhre evacuirt blieben.

Zunächst ging bei 100° das bereits oben erwähnte salzsäurehaltige Oel über, dann kam bei 250—252° vollkommen reiner Phenylparaconsäureäther und zwar unter einem Drucke von 25 mm Quecksilber. Es destillirte die Hauptmenge des Esters bei 251° ohne jegliche Zersetzung.

Der Phenylparaconsäureäthyläther ist ein schweres, farbloses Oel von aromatischem Geruch und brennendem Geschmack.

2,0508 gr des unter vermindertem Druck destillirten Esters, welche ich mit Natronlauge verseifte, lieferten 1,8035 (statt 1,8054) gr Phenylparaconsäure. Der Ester konnte daher als rein angesehen werden.

Aus 50 gr Phenylparaconsäure bekam ich 44,3 (statt 56,8) gr bei 250—252° vollkommen constant siedenden Phenylparaconsäureäthyläther; die Ausbeute belief sich demnach auf 78 °/₀ der theoretischen.

Einwirkung von Natrium auf Phenylparaconsäureäthyläther.

Zu 10 gr Phenylparaconsäureester, welche ich in einem Kölbchen mit vollkommen wasser- und alkoholfreiem Aether überschichtet hatte, fügte ich blankes Natrium und zwar auf ein Molekül Ester ein klein wenig mehr als ein Atom Natrium; auf 10 gr Ester wurden 1,1 gr Natrium verwendet, berechnet 0,98 gr. Das Natrium war in möglichst dünnen und kleinen Scheibchen geschnitten. Es entwickelte sich nun sofort Wasserstoff an der Grenzschicht des am Boden des Kölbchens befindlichen öligen Esters und des Aethers, da wo das Natrium auf den ersteren einwirkte. Nachdem die Gasentwicklung nachgelassen, erwärmte

ich einige Stunden bei ganz gelinder Temperatur im Wasserbad, aber ohne umzuschütteln, damit die Schichten sich möglichst wenig mischten. Das Kölbchen trug einen kleinen Rückflusskühler, der oben mit einer nach unten umgebogenen
Chlorcalciumröhre versehen war. Das Metall behielt nun durch
den herabfliessenden Aether seine glänzende Oberfläche bei,
indem das gebildete Reactionsproduct durch den Aether in
Lösung gehalten wurde und sich daher nicht auf dem Natrium
als weisse, die weitere Einwirkung verhindernde Rinde absetzen
konnte. Nachdem nach drei Stunden fast alles Natrium verschwunden war, liess ich erkalten. Aus der ätherischen Lösung
krystallisirte das Natriumsalz des sauren Phenylitaconsäureesters
in farblosen Nädelchen aus. Der Aether wurde abdestillirt und
zu dem braun gefärbten, dicken, breiigen Rückstand vorsichtig
Wasser tropfenweise zugesetzt, um die unverändert gebliebenen
Natriumreste zu lösen. Der unverbrauchte Phenylparaconsäureester wurde in Aether aufgenommen, worin er sich sehr rasch
löste. Nach zwei- bis dreimaligem Ausschütteln war die Entfernung desselben vollständig erreicht, freilich ging dabei auch
etwas äthersaures Natrium in die ätherische Lösung, aber nur
sehr wenig. Letzteres ist übrigens auch in heissem Benzol
löslich, woraus es in der Kälte in schönen Krystallen anschiesst.
Aus der alkalischen Lösung wurde nach dem Verjagen des
Aethers mit Salzsäure saurer Phenylitaconsäureäther gefällt.
Derselbe ist ein farbloses Oel, das bei —10° noch nicht erstarrt;
er löst sich unter Aufbrausen in kohlensaurem Natrium.

Zu dem in einem Kolben mit Rückflusskühler befindlichen,
mit Wasser übergossenen sauren Phenylitaconsäurecster liess
ich nun auf dem Sandbad Barytwasser aus einem Tropftrichter
allmälig zufliessen, wobei sich das Baryumsalz der Phenylitaconsäure bildete, welches sich in der Wärme krystallinisch
abschied; daneben entstand stets in ganz kleiner Menge — nur
ein einziges Mal in etwas grösserer Quantität — das in Wasser

leicht lösliche Baryumsalz der mit der Isophenylcrotonsäure polymeren Säure, welche durch Erhitzen von Isophenylcrotonsäure mit Schwefelsäure von Hugo Erdmann zuerst dargestellt worden war. Das phenylitaconsaure Baryum wurde aus siedendem Wasser umkrystallisirt und dann mit Salzsäure versetzt. Phenylitaconsäure fiel als farbloser Krystallbrei aus. Aus der davon abfiltrirten Lösung schied sich nach dem Eindampfen auf dem Wasserbad noch etwas derselben Säure krystallinisch ab.

In der Folge verseifte ich den sauren Phenylitaconsäureester mit Natronlauge, da dieses rascher von Statten geht als das Verseifen mit Barytwasser. Um die Zahl der Operationen zu verringern, erhitzte ich das Natriumsalz der Aethersäure, nach dem Entfernen von unangegriffenem Phenylparaconsäureester, direct mit Natronlauge, ohne erst die Aethersäure daraus frei zu machen. Nach halbstündigem Kochen lieferte ein mit Salzsäure versetztes Pröbchen ein festes Product; die Verseifung war also beendet. Es wurde nunmehr mit Salzsäure gefällt, wobei die Phenylitaconsäure in kleinen, verfilzten, farblosen Kryställchen ausfiel, welche von kleinen, terpentinähnlich riechenden, flüchtigen, öligen Verunreinigungen durch Kochen mit Thierkohle befreit wurden. Die salzsaure Lösung wurde weiter eingedampft und schliesslich noch mit Aether ausgezogen. Als Nebenproduct erhielt ich ausser der bei 179° schmelzenden polymeren Säure eine bei 290° noch nicht schmelzende Säure, welche in kaltem Wasser fast unlöslich, in heissem Wasser nur äusserst schwer löslich war und beim Eindampfen der salzsauren Lösung in feinen, sternförmig gruppirten, durchsichtigen, farblosen Nädelchen ausfiel; sie war aber nur spärlich vorhanden.

Aus 50 gr Phenylparaconsäureester, den ich in Portionen von je 10 gr verarbeitete, erhielt ich 35,4 gr Phenylitaconsäure, berechnet 44 gr. Die Ausbeute war daher 80% der

theoretischen. Der unzersetzt zurückgewonnene Phenylparaconsäureester ist bei dieser Rechnung von der angewandten
Menge abgezogen worden ; er betrug 10 gr, und die im Ganzen
in Angriff genommene Menge Ester belief sich, den nicht ver-
brauchten inbegriffen, auf 60 gr.

Wird nach dem Abdestilliren des Aethers das ursprüng-
liche Reactionsproduct im Paraffinbad auf 120° erhitzt, bis
sämmtliches Natrium verschwunden ist, so erhält man etwas
weniger Natriumsalz des sauren Esters, hingegen aber mehr
phenylitaconsaures Natrium. Nach Zusatz von Wasser gewinnt
man beim Ausschütteln mit Aether in diesem Falle keinen
unzersetzten Phenylparaconsäureester zurück, aber es ist die
gesammte Ausbeute an reiner Phenylitaconsäure etwas geringer
als beim Arbeiten bei niederer Temperatur.

Einwirkung von Natriumäthylat auf Phenylparaconsäure-äthyläther.

Ein Molekül Phenylparaconsäureester wurde mit Natriumäthylat (1 Atom Natrium in der 10 fachen Menge ganz absoluten Alkohols gelöst) zusammengebracht. Schon beim
Mischen der alkoholischen Lösung von Natriumäthylat mit
Phenylparaconsäureester entstand unter Freiwerden von Wärme
eine Trübung und gleich darauf ein weisser Niederschlag,
welcher während des Kochens auf dem Wasserbad noch zu-
nahm. Als er sich schliesslich nach 3- bis 4 stündigem Erhitzen
am Rückflusskühler, der durch ein vorgelegtes Chlorcalciumrohr gegen den Zutritt der Luftfeuchtigkeit geschützt war,
nicht mehr vermehrte, wurde der Alkohol aus dem Wasserbad abdestillirt, der Rückstand mit Wasser versetzt und der
unveränderte Phenylparaconsäureester in Aether aufgenommen.
Der in der extrahirten Flüssigkeit gelöste Aether wurde abgedunstet und sodann das Natriumsalz der Aethersäure in

einem Kolben so lange mit Natronlauge gekocht, bis eine Probe mit Salzsäure versetzt nicht mehr einen öligen, sondern einen festen Niederschlag gab, was nach $^1/_4$- bis $^1/_2$ stündigem Erhitzen auf dem Drahtnetz der Fall war. Aus dem so gebildeten Natriumsalz der Phenylitaconsäure wurde diese mit Salzsäure frei gemacht, abfiltrirt und aus siedendem Wasser umkrystallisirt.

Das salzsaure Filtrat lieferte nach dem Eindampfen noch mehr Phenylitaconsäure, ausserdem sehr wenig Phenylparaconsäure und einmal in kleiner Menge eine bei 138—140° schmelzende Säure, welche in schönen, grossen, dicken Tafeln krystallisirte, in Wasser leicht löslich war und vielleicht durch Einwirkung von Natriumäthylat auf das Natriumsalz der ungesättigten Aethersäure entstanden war, wie ja auch Purdie bei Einwirkung von Natriumäthylat auf Fumarsäureester und Maleïnsäureester eine gesättigte Säure, nämlich Aethoxybernsteinsäure, durch Anlagerung der Elemente eines Moleküls Alkohol erhalten hatte, wovon in der Einleitung bereits die Rede war.

In den stark eingeengten Mutterlaugen fand ich zweimal Bernsteinsäure, das erste Mal wenig, das zweite Mal etwas mehr, was auf eine durch Natriumäthylat veranlasste Spaltung der Phenylparaconsäure in Bernsteinsäure und Benzaldehyd schliessen lässt.

Die Ausbeute an Phenylitaconsäure war noch besser als bei der Einwirkung von Natrium:

I. 60 gr Phenylparaconsäureester lieferten 37,5 gr Phenylitaconsäure und 10 gr unzersetzten Ester.

II. 48 gr Phenylparaconsäureester lieferten 30 gr Phenylitaconsäure und 8 gr unzersetzten Ester.

III. 24 gr Phenylparaconsäureester lieferten 15,1 gr Phenylitaconsäure und 4 gr unzersetzten Ester.

Wird der wiedergewonnene Phenylparaconsäureester von der ursprünglich angewandten Substanz in Abzug gebracht, so beträgt die Ausbeute an Phenylitaconsäure 85 % der theoretischen. Ich arbeitete dabei mit Portionen von je 10 bis 12 gr Phenylparaconsäureester.

Ein Ueberschuss von Natrium wie von Natriumäthylat bewirkt die Bildung von neutralem phenylitaconsauren Natrium und zwar bereits beim Erwärmen bei gelinder Temperatur. Genau ebenso verhält sich der Terebinsäureäthyläther nach den Beobachtungen von Roser[1], der bei Anwendung von zwei Molekülen Natriumalkoholat auf ein Molekül Terebinsäureäther neutrales teraconsaures Natrium erhielt.

Wasser muss bei der Reaction, einerlei ob sie mit Natrium oder mit Natriumäthylat ausgeführt wird, sorgfältig fern gehalten werden, da sonst Phenylparaconsäureäther in phenylparaconsaures Natrium übergeführt wird. Während bei der Darstellung von Teraconsäure aus Terebinsäureester und Natrium käuflicher Aether als Verdünnungsmittel angewandt werden darf, ohne dass dadurch die Ausbeute an Teraconsäure vermindert wird[2], ist dies bei der Darstellung von Phenylitaconsäure nicht der Fall. Bei der Anwendung von käuflichem Aether ist in Folge der Bildung von viel phenylparaconsaurem Natrium die Ausbeute an Phenylitaconsäure eine verhältnissmässig geringe.

Eigenschaften der Phenylitaconsäure.

Beim Erhitzen in der Capillare tritt bei 172° Schmelzen der Säure ein, beim Abkühlen wird sie wieder fest. Wird höher erhitzt, so beginnt bei ungefähr 181° Gasentwicklung unter Gelbfärbung. Bald wird die Farbe dunkelgelb und dann braun. Die Gasentwicklung wird hervorgerufen durch Wasser-

---

[1] W. Roser, Annalen der Chemie 220, p. 258.
[2] Bruno Frost, Inaugural-Dissertation, Strassburg 1884.

abspaltung von der Säure, wobei sich ein Anhydrid derselben bildet.

Die Säure ist schwer löslich in kaltem, aber leicht in heissem Wasser, woraus sie sich in körnigen Krystallen ausscheidet, welche beim Abdampfen wachsen und schliesslich zu dicken Krusten werden. Aus kaltem Wasser krystallisirt die Säure in prismatischen Krystallen; aus concentrirten Lösungen erhält man blumenkohlähnliche Krystallaggregate.

Die Säure löst sich in Aether, aber nicht leicht; sie ist schwer löslich in kaltem Benzol, leichter in heissem Benzol, woraus sie beim Erkalten in compacten Krystallen anschiesst; sie ist wenig löslich in Schwefelkohlenstoff und in kaltem Chloroform; in siedendem Chloroform löst sie sich, wenn auch schwer.

Die Analysen der Phenylitaconsäure führten zu folgenden Resultaten:

I. Dargestellt durch Einwirkung von Natriumäthylat auf Phenylparaconsäureester, der unter gewöhnlichem Luftdruck destillirt worden:

0,2106 gr bei 100° getrockneter Substanz gaben 0,4946 CO_2 und 0,0925 H_2O.

II. Dargestellt durch Einwirkung von Natriumäthylat auf Phenylparaconsäureester, der unter vermindertem Druck destillirt worden:

0,2093 gr bei 100° getrockneter Substanz gaben 0,4918 CO_2 und 0,0934 H_2O.

III. Dargestellt durch Einwirkung von Natrium auf Phenylparaconsäureester, der unter gewöhnlichem Luftdruck destillirt worden:

0,2049 gr bei 100° getrockneter Substanz gaben 0,4811 CO_2 und 0,0918 H_2O.

IV. Dargestellt durch Einwirkung von Natrium auf Phenylparaconsäureester, der unter vermindertem Druck
destillirt worden:

0,2428 gr bei 100° getrockneter Substanz gaben 0,5698 CO_2 und
0,1080 H_2O.

Berechnet für:		Gefunden:			
$C^{11}H^{10}O^4$		I	II	III	IV
C	64,08	64,05	64,08	64,04	64,—
H	4,86	4,88	4,96	4,98	4,94

Die Säure krystallisirte vollkommen wasserfrei und verlor
weder im Exsiccator noch beim Trocknen in der Wärme an
Gewicht.

Nebenproducte erhalten bei der Darstellung der Phenylitaconsäure.

I. Säure $(C^{10}H^{10}O^2)^n$.

Diese bei 179° schmelzende, mit der Isophenylcrotonsäure polymere Säure ist zuerst von Hugo Erdmann dargestellt worden. Erdmann[1] hat die Isophenylcrotonsäure
durch Kochen mit concentrirter Schwefelsäure in Phenylbutyrolacton übergeführt und daneben eine bei 179° schmelzende
Säure gefunden, welche auch Morris[2] bei Wiederholung dieses
Versuches erhielt. Da Erdmann vermuthete, dass diese
Säure ein secundäres Product der Einwirkung von Schwefelsäure auf das zunächst gebildete Lacton sei, so kochte er ein
Gramm Lacton mit Schwefelsäure und erhielt dabei einen
Körper, welcher sich genau wie die obige Säure verhielt und
nach wiederholtem Umkrystalisiren bei 175° schmolz. Um

---

[1] Erdmann, Annalen 227, p. 258.
[2] Morris, Dissertation, Philadelphia 1884.

über die Identität meiner Säure mit der von Erdmann beschriebenen Gewissheit zu erzielen, entschloss ich mich, dieselbe nach der zuletzt erwähnten Methode nochmals darzustellen.

Zu diesem Zweck bereitete ich eine kleine Menge Phenylbutyrolacton, indem ich reine, fein gepulverte, trockene Phenylparaconsäure so rasch destillirte, als das Aufschäumen der entweichenden Kohlensäure es erlaubte, die aus dem Destillat gewonnene Isophenylcrotonsäure durch Umkrystallisiren aus siedendem Wasser reinigte und durch Zusatz von bei 0° gesättigter wässeriger Bromwasserstoffsäure in Phenyl-γ-brombuttersäure überführte, welche mit Sodalösung zusammengebracht glatt in Phenylbutyrolacton[1] überging, das aus Schwefelkohlenstoff umkrystallisirt wurde. Diese Darstellung von Phenylbutyrolacton gibt, wie Morris zeigte, eine viel bessere Ausbeute als das Kochen der Isophenylcrotonsäure mit Schwefelsäure, welches ausser der oben erwähnten polymeren Säure noch andere Nebenproducte liefert. Auch kann durch Erhitzen von Phenylparaconsäure mit concentrirter Schwefelsäure, welche mit dem doppelten Volumen Wasser verdünnt worden ist, Phenylbutyrolacton erhalten werden[2], wobei die Lactonsäure zunächst Kohlensäure abspaltet und in Isophenylcrotonsäure übergeht; doch auch hierbei entstehen Nebenproducte.

Behufs Darstellung der polymeren Säure kochte ich Portionen von je 5 gr Phenylbutyrolacton mit einem Gemisch von 10 cm concentrirter Schwefelsäure und 20 cm Wasser am Rückflusskühler im Sandbad. Das Lacton schmolz zunächst und veränderte sich allmälig; nach sechsstündigem Erhitzen liess ich erkalten und goss die Schwefelsäure vorsichtig ab. Das Reactionsproduct haftete als dicke, zähflüssige Masse an den Kolbenwänden. Ich wusch es zunächst mit Wasser, um die

---

[1] Jayne, Annalen 216, p. 10?.
[2] Erdmann, Annalen 228, p. 178.

Schwefelsäure vollständig zu entfernen, versetzte es dann mit Sodalösung und schüttelte die alkalische Lösung mit Aether aus; dieser nahm das unveränderte Phenylbutyrolacton auf, welches nach dem Abdestilliren des Aethers auf Zusatz einer Spur von festem Phenylbutyrolacton sofort erstarrte. Die alkalische Lösung wurde nach dem Verjagen des Aethers mit Salzsäure angesäuert und die ausgefällte Säure abfiltrirt; dem salzsauren Filtrat wurde durch Aether noch etwas Säure entzogen. Diese schmilzt nach dem Umkrystallisiren aus sehr stark verdünnter Essigsäure bei 179°. Ausser derselben erhielt ich noch in ganz kleiner Menge eine niedriger schmelzende, in wässeriger Lösung schön violett fluorescirende Säure, welche ein in Wasser ausserordentlich schwer lösliches Calciumsalz bildete und dadurch leicht von der polymeren Säure getrennt werden konnte, deren Calciumsalz im Wasser leicht löslich ist. Auch Erdmann scheint die fluorescirende Säure durch achtstündiges Kochen von 5 gr Isophenylcrotonsäure, 20 cc concentrirter Schwefelsäure und 30 cc Wasser bekommen zu haben.

Die polymere Säure hat die Zusammensetzung der Iso-phenylcrotonsäure, also die Formel $(C^{10}H^{10}O^2)^n$, welche durch die Analyse bestätigt wurde:

0,2483 gr bei 100° getrockneter Substanz gaben 0,6725 CO^2 und 0.1386 H^2O.

Berechnet für $C^{10}H^{10}O^2$:		Gefunden:
C	74,07	73,87
H	6,17	6,20

Die Säure krystallisirt wasserfrei.

Sie ist in kaltem Wasser fast völlig unlöslich und nur sehr schwer löslich in siedendem Wasser. Auch in Aether ist die Säure ziemlich schwer löslich, desgleichen in Schwefelkohlenstoff, leicht löst sie sich in Essigsäure, Alkohol und

Aceton. Erdmann schlug daher vor, sie aus verdünntem Aceton umzukrystallisiren, woraus sie in schönen Krystallen erhältlich ist, doch zog ich verdünnte Essigsäure als Lösungsmittel vor. Zu der in siedendem Wasser suspendirten Säure liess ich so lange verdünnte Essigsäure zutröpfeln, bis sie eben gelöst war, und filtrirte rasch. Beim Erhalten schied sich die Säure in schönen, silberglänzenden, bei 179° schmelzenden Blättchen ab.

Das Calciumsalz ist in Wasser leicht löslich. Es schied sich aus der concentrirten Lösung in guten Krystallen ab.

Das Baryumsalz ist gleichfalls leicht löslich in Wasser.

Zu der wässerigen Lösung des Calciumsalzes fügte ich salpetersaures Silber, worauf das Silbersalz hellgelb ausfiel; es ist lichtbeständig und lässt sich bei 100° ohne Zersetzung trocknen. Im kalten Wasser ist es wenig löslich, wohl aber in heissem Wasser, woraus es beim Erkalten sich wieder abscheidet. Das auf diese Weise erhaltene Salz wurde der Analyse unterworfen:

0,2150 gr bei 100° getrockneten Salzes gaben 0,3501 CO^2, 0,0683 H^2O und 0,0864 Ag.

Berechnet für $C^{10}H^9O^2Ag$:		Gefunden:
C	44,61	44,41
H	3,35	3,53
Ag	40,15	40,20

Das Silbersalz zeigt demnach die gleiche procentische Zusammensetzung wie isophenylcrotonsaures Silber. Wahrscheinlich ist aber die Säure eine polymere und ist aus zwei Molekülen Isophenylcrotonsäure entstanden.

Genau die gleiche, bei 179° schmelzende Säure erhielt ich als Nebenproduct in sehr kleiner Menge bei der Darstellung der Phenylitaconsäure durch Einwirkung von Natrium auf Phenyl-daraconsäureäthyläther. Sie besass dieselben Eigenschaften, lieferte ein in Wasser leicht lösliches Calciumsalz, war selbst in Wasser sehr schwer löslich und krystallisirte aus verdünnter Essigsäure in denselben charakteristischen, schuppenartigen, silberweissen Krystallen. Letzere wurden gesammelt, bei 100° getrocknet und analysirt:

0,2365 gr bei 100° getrockneter Substanz gaben 0,6408 CO_2 und 0,1330 H_2O.

Berechnet für $C^{10}H^{10}O^2$:		Gefunden:
C	74,07	73,90
H	6,17	6,25

Es unterliegt somit keinem Zweifel, dass diese als Nebenproduct gewonnene Säure mit der aus Isophenylcrotonsäure und Phenylbutyrolacton durch Kochen mit Schwefelsäure erhaltenen polymeren Säure identisch ist.

II. Bernsteinsäure.

Wie ich bereits früher erwähnte, bildete sich bei der Einwirkung von Natriumäthylat auf Phenylparaconsäureäthyläther zweimal Bernsteinsäure, welche als in Wasser leicht lösliche Säure sich in den stark eingeengten Mutterlaugen befand. Sie schmolz bei 182°, sublimirte unter Anhydridbildung in feinen Nadeln, war schwer löslich in Aether, fast unlöslich in Chloroform und zeigte den der Bernsteinsäure eigenthümlichen drusigen Krystallhabitus.

0,2185 gr bei 100° getrockneter Substanz gaben 0,3253 CO_2 und 0,1023 H_2O.

Berechnet für $C^4H^6O^4$:		Gefunden:
C	40,68	40,60
H	5,08	5,20

Sie krystallisirte vollkommen wasserfrei.

Da wir es hier also ganz sicher mit Bernsteinsäure zu thun haben, so scheint die Phenylparaconsäure sich ähnlich gespalten zu haben wie die Terebinsäure bei den Versuchen von R o s e r und F r o s t.

R o s e r [1] fand, dass durch Behandeln von Terebinsäure-äthyläther mit Natriumalkoholat zuweilen Bernsteinsäure gebildet wird und F r o s t [2] gelang es, die Terebinsäure durch Zusammenbringen mit einem grossen Ueberschuss siedend heiss gesättigter Barythydratlösung in engen, zugeschmolzenen Glasröhren, welche 10 bis 20 Stunden lang auf 150—170° erhitzt wurden, vollständig glatt in Aceton und Bernsteinsäure zu spalten:

$$\begin{array}{c} CH^3 \\ CH^3 \end{array}\!\!\diagdown\!\! \begin{array}{c} COOH \\ | \\ C - CH - CH^2 \\ | \qquad\qquad | \\ O \!-\!-\!-\!-\!-\! CO \end{array} + H^2O = \begin{array}{c} CH^3 \\ CH^3 \end{array}\!\!\diagdown\!\! CO + \begin{array}{cc} CH^2 - CH^2 \\ | \qquad\quad | \\ COOH \quad COOH \end{array}$$

Phenylparaconsäure sollte demnach bei der Zersetzung in Bernsteinsäure und Benzaldehyd zerfallen:

$$C^6H^5 - CH - \begin{array}{c} COOH \\ | \\ CH - CH^2 \\ | \qquad\qquad | \\ O \!-\!-\!-\!-\!-\! CO \end{array} + H^2O = C^6H^5 - CHO + \begin{array}{cc} CH^2 - CH^2 \\ | \qquad\quad | \\ COOH \quad COOH \end{array}$$

Das dabei gebildete Benzaldehyd musste mit dem unzersetzten Phenylparaconsäureester beim Ausschütteln der alkalischen Lösung vom Aether aufgenommen worden sein, konnte aber nicht darin entdeckt werden, was wohl erklärlich ist, da es sich ja nur um ganz minimale Mengen desselben handelte.

---

[1] Annalen 208, p. 53 Anmerkung, und 220, p 254 Anmerkung; Ber. XV, p. 295.

[2] Annalen 226, p. 373.

Die sonstigen Nebenproducte, welche bei der Darstellung der Phenylitaconsäure auftraten, waren so spärlich gebildet worden, dass sie sich einer näheren Untersuchung nicht unterziehen liessen.

Salze der Phenylitaconsäure.

Zur besseren Charakterisirung dieser Säure wurden folgende Salze dargestellt:

Phenylitaconsaures Silber.

Zwei Gramm Säure wurden in siedendem Wasser gelöst, mit Ammoniak genau neutralisirt und mit einer Lösung von salpetersaurem Silber versetzt. Phenylitaconsaures Silber schied sich sofort als voluminöser, weisser Niederschlag ab, der auf ein Filter gebracht und mit warmem Wasser ausgewaschen wurde. Das Silbersalz ist in kaltem Wasser fast gänzlich unlöslich und löst sich recht schwer in heissem Wasser; dabei färbt sich ein kleiner Theil desselben während des Kochens roth. Es löst sich leicht in Ammoniak und scheidet sich aus der ammoniakalischen Lösung in schönen Krystallen ab. Ich trocknete das Salz bei 50—55°, bei höherer Temperatur wird es dunkelviolett und zersetzt sich dann bei längerem Erhitzen unter beständiger Gewichtsabnahme. In trockenem Zustande ist es recht lichtbeständig und lässt sich gut aufbewahren.

Die Analysen ergaben die Formel $C^{11}H^8O^4Ag^2$.

I. 0,2060 gr bei 50° getrockneten Salzes lieferten 0,1059 gr Silber.

II. 0,2169 gr bei 55° getrockneten Salzes lieferten 0,2497 CO^2, 0,0392 H^2O und 0,1112 Ag.

Berechnet für:		Gefunden:	
$C^{11}H^8O^4Ag^2$		I	II
C	31,43	—	31,40
H	1,90	—	2,01
Ag	51,43	51,41	51,24

Die Analyse des Salzes beweist somit, dass die Säure eine zweibasische ist.

Phenylitaconsaures Baryum.

Phenylitaconsäure wurde in Ammoniak gelöst und das überschüssige Ammoniak durch Erwärmen verjagt. Als die Lösung neutral reagirte, wurde Chlorbaryum zugefügt. Die Flüssigkeit blieb klar, aber während des Aufkochens entstand ein krystallinisch-körniger Niederschlag von phenylitaconsaurem Baryum. Das Kochen wurde so lange fortgesetzt, bis die Lösung wieder klar geworden war und der Niederschlag sich gut abgeschieden hatte. Ich liess nun erkalten, saugte das Baryumsalz ab und wusch es mit lauwarmem Wasser aus. Es wurde in siedendem Wasser gelöst, filtrirt und etwas eingedampft. In der Kälte krystallisirte das Salz aus, welches nun abfiltrirt und analysirt wurde:

0,2153 gr kalt ausgeschiedenes, lufttrockenes Salz verloren im Exsiccator: 0,0203 gr und bei weiterem Erhitzen auf 110° noch: 0,0049 gr.

Berechnet für $C^{11}H^8O^4Ba + 2\,^{1}/_{2}$ aq (lufttrocken):		Gefunden:
$2\,^{1}/_2$ aq:	11,71	11,70

Berechnet für (0,1950 gr) $C^{11}H^8O^4Ba + ^{1}/_2$ aq (exsiccatortrocken):		Gefunden:
$^{1}/_2$ aq:	2,57	2,51

Das bei 110° getrocknete Salz, welches 0,1901 gr wog, lieferte 0,1301 $BaSO^4$.

Berechnet für wasserfreies Salz: $C^{11}H^8O^4Ba$:		Gefunden:
Ba:	40,18	40,24

Das kalt ausgeschiedene, lufttrockene Salz besitzt demnach Krystallwasser, welches es zum grössten Theil bereits im Exsiccator über Schwefelsäure verliert. Es ist in kaltem Wasser schwer löslich, etwas leichter in siedendem Wasser. Beim Eindampfen der wässerigen Lösung scheidet sich das Salz auf einmal krystallinisch ab und fällt in dicken Krystallkörnern zu Boden, woran das phenylitaconsaure Baryum leicht erkenntlich ist. Das so abgeschiedene Baryumsalz ist in heissem wie in kaltem Wasser nur sehr schwer löslich. Genau ebenso verhält sich das Baryumsalz der Teraconsäure.

Eine andere Portion Phenylitaconsäure neutralisirte ich in der Siedhitze mit kohlensaurem Baryum, filtrirte vom überschüssigen kohlensauren Baryum ab und dampfte ein; dabei fiel phenylitaconsaures Baryum krystallinisch aus. Es wurde abfiltrirt, nochmals gelöst, wiederum filtrirt und etwas eingeengt; hierbei schied sich das Baryumsalz aufs Neue aus heisser Lösung ab. Es schien viel weniger Krystallwasser als das aus kalter Lösung erhaltene zu besitzen.

Die Analysen desselben gaben folgende Zahlen:

I. 0,2171 gr heiss gefälltes, lufttrockenes Salz verloren bei 120° : 0,0046 gr; das wasserfreie Salz, das 0,2125 gr wog, lieferte 0,1447 gr BaSO⁴.

II. 0,2208 gr heiss gefälltes, lufttrockenes Salz verloren bei 120° : 0,0057 gr; das wasserfreie Salz, das 0,2151 gr wog, lieferte 0,1458 gr BaSO⁴.

Berechnet für $C^{11}H^8O^4Ba + 1/2$ aq (lufttrocken):		Gefunden :	
		I	I
$1/2$ aq	2,57	2,12	2,58

Berechnet für wasserfreies Salz: $C^{11}H^8O^4Ba$:		Gefunden :	
		I	II
Ba	40,18	40,05	39,86

Das heiss gefällte Salz verlor im Exsiccator nicht an Gewicht. Der krystallinische Niederschlag der heissen Fällung sowie die kalt stattgefundene Krystallisation zeigten keine deutlich ausgebildeten und einheitlichen Krystalle.

Phenylitaconsaures Baryum ist ein sehr beständiges Salz; es lässt sich bis gegen 200° erhitzen, ohne sich dabei zu färben oder zu zersetzen.

Phenylitaconsaures Calcium.

2,3 gr Phenylitaconsäure wurden in heissem Wasser gelöst und mit der berechneten Menge kohlensaurem Calcium (1,1 gr) neutralisirt. Phenylitaconsaures Calcium schied sich dabei feinpulverig ab. Es wurde mit viel Wasser aufgekocht und in Lösung gebracht. Nun wurde filtrirt und das Filtrat auf dem Wasserbad eingedampft. Das Calciumsalz fiel dabe auf einmal krystallinisch-körnig aus, ganz ähnlich und ebenso charakteristisch wie das Baryumsalz. Es wurde abfiltrirt und zur Analyse benutzt:

0,2045 gr lufttrockenen Salzes, das beim Erwärmen auf 110° nicht an Gewicht verlor, gaben 0,1142 gr Ca SO⁴.

Berechnet für $C^{11} H^8 O^4 Ca$:		Gefunden :
Ca :	16,39	16,42

Das heiss gefällte Salz ist demnach wasserfrei. Es ist in siedendem Wasser noch schwerer löslich als das Baryumsalz; in kaltem Wasser ist es ebenfalls nur wenig löslich. Das phenylitaconsaure Calcium stimmt mit dem teraconsauren Calcium in allen seinen Eigenschaften überein.

Neutraler Phenylitaconsäureäthyläther.

10 gr Phenylitaconsäure wurden in einem mit Rückflusskühler versehenen Kölbchen mit dem Dreifachen der berechneten Menge sorgfältig entwässerten Alkohols versetzt (berechnet 4,5, angewandt 13,4 gr abs. Alkohol); der Rückflusskühler trug eine kleine umgebogene Chlorcalciumröhre zum Abschluss von Feuchtigkeit. Nun wurde in die Lösung zuerst in der Kälte, dann auf dem Wasserbad und schliesslich nochmals kalt trockenes Salzsäuregas bis zur Sättigung eingeleitet. Hierauf ward der unverbrauchte Alkohol aus dem Salzbad

abdestillirt und der Ester durch Eiswasser als Oel abgeschieden; dieses wurde mit Wasser gewaschen, mit einigen Tropfen Sodalösung alkalisch gemacht und mit Aether extrahirt. Die ätherische Lösung ward mit Chlorcalcium entwässert und der Aether abdestillirt. Der zurückgebliebene Ester wurde mit einem Stückchen frisch geglühtem kohlensaurem Kalium vollends getrocknet und aus einem kleinen Destillirkölbchen destillirt. Bei 310—320° ging die Hauptmenge des Esters ohne Zersetzung über. Bei nochmaligem Destilliren fand ich den Siedepunkt des Phenylitaconsäureesters bei 315° (uncorrigirt).

Ueber 320° ging ein in der Vorlage krystallisirender Körper über, aber nur in sehr kleiner Menge.

Als ich aus der alkalischen Lösung die unveränderte Phenylitaconsäure durch Salzsäure ausfällen wollte, schied sich ein Oel ab, das sich in kohlensaurem Natrium löste, aber auch nach längerem Kochen mit demselben auf Zusatz von Salzsäure unverändert ausfiel, also offenbar der saure Ester der Phenylitaconsäure war.

Aus 10 gr Säure hatte ich 9,8 gr neutralen Ester (statt 12,72 gr) erhalten, die Ausbeute betrug demnach 77 °/o der theoretischen.

Die Analyse des bei 315° überdestillirten neutralen Esters stimmte auf die Formel $C^{15} H^{18} O^4$.

0,2624 gr Substanz gaben 0,6595 CO^2 und 0,1653 H^2O.

Berechnet für $C^{15} H^{18} O^4$:		Gefunden:
C	68,70	68,56
H	6,87	7,00

Der neutral reagirende Phenylitaconsäureäthyläther konnte bei — 15° nicht zum Erstarren gebracht werden. Er bildete ein farbloses, schwach riechendes Oel von dicker Consistenz.

Verhalten der Phenylitaconsäure beim Erhitzen.

12 gr Säure wurden zunächst langsam bis zu ihrem Schmelzpunkt (172°) erhitzt; bei nur wenig höherer Temperatur (181°) entwickelte sich Wasserdampf. Die Wände des Destillirkölbchens bedeckten sich mit Wassertropfen, und das Anhydrid der Säure ging als farbloses Oel über. Es wurde in der Vorlage durch Zusatz von Wasser wieder in Säure zurückverwandelt und als solche nachgewiesen. Wird nun der Inhalt der Destillirkugel etwas stärker erhitzt, so entwickelt sich Kohlensäure, und die Destillation geht ohne weitere Zufuhr von Wärme von selbst weiter, indem ein gelbgefärbtes Oel übergeht, bis zuletzt ein wenig Kohle im Destillationsgefäss übrig bleibt. Das Destillat ward mit kohlensaurem Natrium eben alkalisch gemacht und mit Aether extrahirt. Die violett gefärbte alkalische Lösung wurde nach dem Abdunsten des gelösten Aethers mit Salzsäure angesäuert; sie enthielt etwas Phenylitaconsäure, die als Anhydrid übergegangen war; dieselbe zeigte den richtigen Schmelzpunkt (172°). Ausserdem enthielt sie eine kleine Menge einer aus Benzol krystallisirenden, in Wasser unlöslichen Säure, welche sich in verdünnter Essigsäure leicht löste und sich überhaupt der früher beschriebenen, bei 179° schmelzenden polymeren Säure ähnlich verhielt, aber nicht mit Sicherheit als identisch mit derselben erkannt werden konnte, denn es hatte sich zu wenig davon gebildet.

Der ätherische Auszug des alkalischen Destillats wurde nach dem Abdestilliren des Aethers mit Natronlauge geschüttelt und hierauf mit Aether extrahirt; dieser nahm einen flüssigen Kohlenwasserstoff auf. In die alkalische Lösung wurde nun Kohlensäure eingeleitet; sie trübte sich und ich konnte jetzt durch Ausschütteln mit Aether einen stark phenolartig riechenden Körper isoliren. Leider waren Kohlenwasserstoff und

Phenol in zu kleiner Menge vorhanden, und es reichte das Material für eine eingehende Untersuchung nicht aus.

Ein Versuch, die Phenylitaconsäure durch Erhitzen auf 180—182° quantitativ in ihr Anhydrid überzuführen, misslang, weil das Anhydrid leicht flüchtig ist und sich in Folge dessen mit den Wasserdämpfen beim Schmelzen der Säure theilweise verflüchtigt. Der dadurch entstehende Gewichtsverlust ist daher viel grösser als der dem abgespaltenen Molekül Wasser entsprechende, und es ist ausserdem ein constantes Gewicht nicht zu erreichen.

Die Phenylitaconsäure verhält sich somit auch in der Hitze wie die Teraconsäure, indem sie wie letztere ein flüchtiges, öliges Anhydrid bildet.

Verhalten der Phenylitaconsäure gegen concentrirte Salzsäure.

3 gr fein gepulverte Phenylitaconsäure wurden am Rückflusskühler mit bei 0° gesättigter wässeriger Salzsäure 2 bis 3 Stunden lang gekocht, dann erkalten gelassen und filtrirt. Auf dem Filter befand sich nur Phenylitaconsäure, in dem Filtrat war neben dieser noch eine Spur einer in Wasser etwas leichter löslichen, niedriger schmelzenden Säure vorhanden.

Durch Kochen mit concentrirter Salzsäure gelingt es also nicht, irgend eine wesentliche Zersetzung der Phenylitaconsäure hervorzurufen.

Verhalten der Phenylitaconsäure gegen concentrirte Bromwasserstoffsäure.

5 gr Phenylitaconsäure wurden fein gepulvert und in einem mit einem Glasstöpsel verschliessbaren Cylinder mit bei 0° gesättigter Bromwasserstoffsäure versetzt, hierauf unter häufigem Umschütteln mehrere Wochen in der Kälte stehen gelassen und dann abfiltrirt. Der Niederschlag war gelb gefärbt; er be-

stand fast ausschliesslich aus unveränderter Phenylitaconsäure. Beim Umkrystallisiren aus heissem Wasser ging der gelbe Farbstoff in Lösung. Phenylitaconsäure krystallisirte aus; die Mutterlauge blieb gelb gefärbt und lieferte grüne Krystalle.

Das bromwasserstoffsaure Filtrat ward aufgekocht; die Flüssigkeit färbte sich hierbei braun. Beim Ausziehen derselben mit Aether erhielt ich hauptsächlich unveränderte Phenylitaconsäure, welche nach zweimaligem Umkrystallisiren mit Wasser vollkommen rein war; daneben bekam ich auch eine kleine Menge sternförmig gruppirter Nadeln, die sich durch ihre leichte Löslichkeit in heissem Wasser und ihren Schmelzpunkt (99°) mit Gewissheit als Phenylparaconsäure bestimmen liessen.

Während die Teraconsäure, wie Geisler[1] zeigte, beim Schütteln mit concentrirter Bromwasserstoffsäure quantitativ in Terebinsäure übergeht, findet ein ähnlicher Uebergang der Phenylitaconsäure in die mit ihr isomere Lactonsäure nur spurenweise statt.

Verhalten der Phenylitaconsäure gegen Schwefelsäure.

1. Versuch: 2 gr Phenylitaconsäure wurden mit 10 cc concentrirter Schwefelsäure und 20 cc Wasser am Rückflusskühler eine halbe Stunde lang gekocht. Die Säure wurde dabei halbweich, war aber durchaus unzersetzt.

2. Versuch: 5 gr Phenylitaconsäure wurden mit 20 cc conc. Schwefelsäure und 20 cc Wasser am Rückflusskühler gekocht. Die Säure wurde zuerst weich, dann bildeten sich Oeltropfen, welche auf der Flüssigkeit schwammen; letztere nahm eine braungelbe Färbung an. Nach einem viertelstündigen Kochen liess ich erkalten und verdünnte die Lösung mit Wasser, wodurch sie sich trübte; dann wurde das Flüssige

---

[1] Annalen 208, p. 54.

von dem Halbfesten durch Abgiessen getrennt. Zurück blieb unveränderte Säure in ziemlich beträchtlicher Menge und eine weiche, teigartige Masse, welche ein in Wasser lösliches Baryumsalz lieferte, dessen Lösung blau und roth fluorescirte. Ob die in Wasser schwer lösliche Säure, welche aus diesem Baryumsalz isolirt wurde und zunächst bei 168° schmolz, die mit der Isophenylcrotonsäure polymere Säure war, konnte ihrer geringen Menge halber nicht mit absoluter Sicherheit nachgewiesen werden. Sie wurde aus sehr verdünnter Essigsäure umkrystallisirt und schmolz nun bei 178°. Der Schmelzpunkt der polymeren Säure liegt bei 179°.

Aus der abgegossenen, trüben, schwefelsauren Flüssigkeit konnte durch Ausschütteln mit Aether ein öliges Product extrahirt werden. Dieses wurde mit Wasser übergossen, mit kohlensaurem Natrium eben alkalisch gemacht und wiederum mit Aether ausgezogen. Jetzt nahm der Aether 0,35 gr eines Lactons auf, das aus Schwefelkohlenstoff krystallisirte, bei 37° schmolz, sich leicht mit Wasserdämpfen verflüchtigen liess und einen angenehmen aromatischen Geruch besass. Aus Alkohol krystallisirte es in langen Nadeln, in Aether war es ungemein leicht löslich. Dieses Verhalten liess auf Phenylbutyrolacton schliessen, und als nun noch die Siedepunktbestimmung 306° ergab, war an der Identität dieses Körpers mit Phenylbutyrolacton nicht mehr zu zweifeln. Die alkalische Lösung wurde nach dem Abdestilliren des Aethers angesäuert und lieferte noch eine kleine Quantität Phenylitaconsäure, welche aus Wasser umkrystallisirt bei 172° schmolz.

3. Versuch. Ich arbeitete mit der gleichen Mischung wie beim 2. Versuch; nur kochte ich etwas länger, nämlich eine halbe Stunde lang, verdünnte mit Wasser und liess erkalten; dann decantirte ich. In der schwefelsauren, mit Aether erschöpften Lösung und in dem öligen bis halbweichen Rückstand, den ich mit Sodalösung versetzte, fand ich eine kleine

Menge Lacton, ausserdem aber in der alkalischen Lösung eine etwas grössere Menge der in Wasser schwer löslichen Säure, welche diesmal in deutlichen Krystallblättchen erhalten wurde, die bei 179° schmolzen und alle Eigenschaften der polymeren Säure aufwiesen. Beinahe die Hälfte der angewandten Phenylitaconsäure war aber unzersetzt geblieben.

Die Reaction verläuft wahrscheinlich so, dass die Phenylitaconsäure sich durch Einwirkung der Schwefelsäure in Phenylparaconsäure und diese sich durch Kohlensäureabspaltung in Phenylbutyrolacton verwandelt, welches letztere bei weiterem Kochen mit Schwefelsäure in die polymere Säure übergeht. Etwa intermediär entstandene Phenylparaconsäure konnte aber im Reactionsproduct nicht entdeckt werden, während Teraconsäure beim Erhitzen mit Schwefelsäure bereits bei Wasserbadtemperatur vollständig in 'die isomere Terebinsäure übergeführt wird. [1]

Verhalten der Phenylitaconsäure gegen Brom bei Gegenwart von Wasser.

Je 5 gr Phenylitaconsäure wurden in wenig siedendem Wasser gelöst und dann beständig geschüttelt, so dass sich die Säure beim Erkalten in möglichst kleinen, verfilzten Nädelchen abschied. Die so in Wasser fein vertheilte Säure wurde in einem mit einem Glasstöpsel versehenen Standcylinder mit Brom übergossen, und zwar nahm ich ein klein wenig mehr als 2 Atome Brom auf 1 Molekül Säure, nämlich auf 5 gr Säure 4 gr Brom (berechnet 3,9 gr). Das Brom wurde tropfenweise zugegeben, und es verschwand die dadurch hervorgerufene braunrothe Färbung beim jedesmaligen Umschütteln sehr rasch. Nachdem die abgewogene Menge Brom

---

[1] Annalen 226, p. 365.

zugefügt worden, nahm die Flüssigkeit eine rothgelbe Farbe an. Da wo die Bromtropfen mit der fein vertheilten Säure in Berührung gekommen waren, war eine halbweiche Masse entstanden, welche aber beim Durchschütteln der Flüssigkeit bald krystallinisch wurde. Die feste Bromverbindung wurde abgesaugt, mit kaltem Wasser ausgewaschen und im Exsiccator getrocknet. Dabei entlässt sie Bromwasserstoffdämpfe. Man lässt sie daher am besten einige Tage über Schwefelsäure und benetzte Stücke Kalihydrat im Vacuum stehen. Wahrscheinlich rührt diese Entwicklung von Bromwasserstoff von einer secundären Reaction, nämlich einer partiellen Zersetzung des gebromten Productes her. Dies ist um so eher anzunehmen, als auch stets neben dem festen Product eine ganz kleine Menge eines bromhaltigen Oeles auftrat. Die Hauptreaction wird wohl so verlaufen, dass sich zunächst zwei Bromatome an die zweibasische Säure anlagern und sich dann Bromwasserstoffsäure abspaltet, welche in der Flüssigkeit gelöst bleibt. Ich werde später auf diese Erklärungsweise ausführlicher zurückkommen.

Zu dem bromhaltigen Filtrat wird so lange schweflige Säure zugesetzt, bis die Lösung entfärbt ist, und dann mit Aether extrahirt. Dieser nimmt etwas von der festen Bromverbindung und auch eine Spur des erwähnten bromhaltigen Oeles sowie unangegriffener Phenylitaconsäure auf.

Das feste Reationsproduct wird aus siedendem, mit Chlorcalcium sorgfältig getrocknetem Chloroform umkrystallisirt. Es schiessen beim Erkalten der Lösung zwei Arten von Krystallen an, nämlich dicke dreikantige Platten, deren Ecken durch drei .weitere Flächen abgestumpft sind, und ferner spiessige prismatische Nadeln. Es gelingt leicht, beide Körper von einander zu trennen, indem die erstgenannten dreikantigen Platten in heissem Chloroform viel leichter löslich sind als die Nadeln und daher erst aus den letzten Mutterlaugen krystallisiren, zumal sie nur in relativ kleiner Menge vorhanden sind. Die spiessigen Nadeln werde ich in der Folge vorläufig als Phenyl-γ-bromitaconsäure bezeichnen, während die dreikantigen Tafeln den Namen Phenyl-β-bromparaconsäure führen mögen. Die Mengenverhältnisse, in welchen die einzelnen Körper auftraten, lassen sich aus folgenden Versuchsresultaten erkennen:

Phenylitaconsäure.	Phenyl-γ-bromitaconsäure.	Phenyl-β-brom-paraconsäure.	Bromhaltiges Oel.	Unersetzte Phenylitacons	Verlust berechnet auf
$C^{11}H^{10}O^4$ Schm. 172°	$C^{11}H^9O^4Br$ Schm. 99°	$C^{11}H^9O^4Br$ Schm. 144°		$C^{11}H^{10}O^4$ Schm.172°	$C^{11}H^9O^4Br$
5,01gr lieferten	4,52 gr	0,41 gr	0,55 gr	—	1,45 gr
15,05 » »	14,43 »	1,56 »	1,42 »	0,31	2,98 »
10,03 » »	9,80 »	0,95 »	0,75 »	0,40	1,83 »

Phenyl-γ-bromitaconsäure.

Die Phenyl-γ-bromitaconsäure ist, wie aus der obigen Tabelle erhellt, das Hauptproduct der Einwirkung von Brom auf Phenylitaconsäure, indem sie ca. 70 % der theoretischen Ausbeute beträgt. Sie krystallisirt in langen Prismen, welche senkrecht zur Längsrichtung deutliche Spaltbarkeit zeigen. Diese Krystalle schmelzen bei 99°, zersetzen sich aber erst bei 120° unter Gasentwicklung und Rothfärbung. Sie ist leicht löslich in Aether und in heissem Benzol, unlöslich in Schwefelkohlenstoff, schwer löslich in Ligroin, löst sich aber leicht in einem Gemisch von Ligroin und Chloroform, desgleichen in concentrirter Essigsäure, woraus sie bei Zusatz von Wasser wieder in feinen, farblosen Nädelchen ausfällt. Als Lösungsmittel dient am zweckmässigsten trockenes Chloroform, woraus zwei bis drei Centimeter lange prismatische Krystalle erhalten werden können.

Die Phenyl-γ-bromitaconsäure schmilzt in siedendem Wasser und löst sich dann darin auf; beim Erkalten der Lösung scheiden sich Oeltropfen daraus ab. Kocht man die gebromte Säure etwas länger mit Wasser, so zersetzt sie sich und man erhält mit salpetersaurem Silber eine reichliche Fällung von Bromsilber.

Beim Trocknen der Säure bei 100° tritt Gelbfärbung und schliesslich Braunfärbung ein, aber auch schon bei längerem Erhitzen auf 90° spaltet sie Bromwasserstoff ab; es bildet sich dabei eine kleine Menge eines gelb gefärbten Oeles. In Folge dieser Zersetzung nimmt beim Erwärmen das Gewicht der gebromten Säure stetig ab. Zu den Analysen wurde daher exsiccatortrockene, nicht in der Wärme getrocknete Säure verwendet. Behufs einer Brombestimmung wurden die im Platintiegel abgewogenen Krystalle in ein Becherglas gespült und mit reinem chlorfreien, kohlensauren Natrium versetzt, worin sie sich unter Aufbrausen lösen. Die Flüssigkeit färbt sich dabei braunroth, und es wird der Säure Brom entzogen; kocht man auf, so färbt sich die Lösung grüngelb; beim Erkalten tritt wieder die rothe Farbe auf. Auf Zusatz von Salpetersäure wiederholt sich die grünlichgelbe Färbung und die Lösung bleibt nach dem Fällen mit salpetersaurem Silber und Abfiltriren des entstandenen Bromsilbers noch schwach gefärbt. Dieses Farbenspiel scheint mit der Bildung eines intermediären Körpers zusammenzuhängen, und werde ich dasselbe in den theoretischen Schlussbetrachtungen weiter besprechen.

Es ist rathsam, nach dem Auflösen der gebromten Säure in kohlensaurem Natrium und Aufkochen der Lösung noch so lange auf dem Wasserbad kleine Stückchen von Natriumamalgam zuzufügen, bis die Flüssigkeit vollständig farblos geworden ist, und dann erst Salpetersäure und salpetersaures

Silber hinzuzusetzen. Einmal geschah es, dass ohne vorherigen Zusatz von Natriumamalgam durch Salpetersäure einige Flocken einer gelben Substanz ausgeschieden wurden.

Die Lösung soll vor dem Zuthun von salpetersaurem Silber ziemlich verdünnt und heiss sein, da sonst leicht beim Ausfällen des Bromsilbers die bromfreie Säure mit ausfällt und dann durch Erwärmen wieder in Lösung gebracht werden muss.

Die Analysen der Phenyl-γ-bromitaconsäure lieferten folgende der Formel $C^{11}H^9O^4Br$ entsprechende Zahlen:

I. 0,2169 gr exsiccatortrockene Substanz gaben 0,3670 CO^2 und 0,0654 H^2O.

II. 0,2297 gr exsiccatortrockene Substanz gaben 0,1518 AgBr.

Berechnet für:		Gefunden:	
$C^{11}H^9O^4Br$		I	II
C	46,32	46,14	—
H	3,16	3,35	—
Br	28,07	—	28,12

Herr Dr. Linck hatte die Güte, die krystallographische und optische Untersuchung der aus Chloroform erhaltenen Krystalle auszuführen:

Krystallsystem: rhombisch.

$$a : b : c = 0,6538 : 1 : 1,6223$$

Beobachtete Formen c = o P (001), r = P ∞ (101), q = P̆ ∞ (011).

Die Krystalle sind nach P̆∞ (011) und oP (001) prismatisch ausgebildet. Die Reflexe sind gut. Es wurden folgende Winkel gemessen und berechnet:

	Gemessen:	Berechnet:
c : q (001 : 011)	58° 21′	—
c : r (001 : 101)	68° 3′	—
r : q (101 : 011)	78° 44′	78°40′

Die Krystalle zeigen nach $\infty \bar{P} \infty$ eine unvollkommene Spaltbarkeit. Axenebene ist das Brachypinacoid (010), und a ist die erste Mittellinie. Der Axenwinkel ist für roth grösser als für gelb. Die Dispersion ist rhombisch. Es gelang sowohl den spitzen als den stumpfen Axenwinkel in Oel zu messen und wurde gefunden:

$$2\,H_a = 55°\,19'\ \text{für Natriumlicht}$$
$$2\,H_0 = 61°\,46'\ \text{»}\qquad\text{»}$$

Daraus berechnet sich nach

$$\operatorname{tg}\,V_a = \frac{\sin H_a}{\sin H_0}: 2\,V_a = 84°\,15'.$$

Da der Brechungsexponent des Oeles $= 1{,}5062$ ist, so berechnet sich nach der Formel:

$$\beta = \frac{n \sin H_a}{\sin V_a} = 1{,}0424.$$

Verhalten der Phenyl-γ-bromitaconsäure gegen nascirenden Wasserstoff.

Phenyl-γ-bromitaconsäure liefert beim Kochen mit Wasser sowie beim Digeriren mit kohlensaurem Natrium Benzoylpropionsäure unter Abspaltung von Bromwasserstoff und Kohlensäure. Um die Einwirkung von nascirendem Wasserstoff auf Phenyl-γ-bromitaconsäure unter Vermeidung einer solchen weitgehenden Zersetzung zu untersuchen, war es somit geboten, diese Einwirkung in saurer Lösung und kalt erfolgen zu lassen. Wird die gebromte Säure in concentrirter Essigsäure gelöst und Zinkstaub zugesetzt, so scheidet sich ein unlösliches Zinksalz ab; diese Methode war demnach nicht wohl anwendbar. Ich löste daher das Bromproduct in concentrirter Essigsäure und setzte das Zehn- bis Zwölffache der berechneten Menge vierprocentigen Natriumamalgams in kleinen Stücken kalt und unter Umschütteln zu, so dass an keiner Stelle die Flüssigkeit alkalisch werden konnte. Ich filtrirte nun vom Quecksilber ab und vertrieb die überschüssige Essigsäure auf dem Wasserbad, setzte dann Wasser und Salzsäure zu, um die Essigsäure aus dem essigsauren Natrium frei zu machen. Die so in Freiheit gesetzte Essigsäure wurde gleichfalls durch Eindampfen verjagt und die getrocknete und feingepulverte Masse schliesslich so lange mit trockenem Aether extrahirt, bis nur noch Bromnatrium und Chlornatrium hinterblieb. Der ätherische Auszug enthielt Phenylparaconsäure nebst kleinen Spuren von Phenylitaconsäure, welche in Wasser schwerer löslich ist als Phenylparaconsäure und daher durch Umkrystallisiren aus Wasser leicht von letzterer Säure getrennt werden konnte. Die Resultate dreier Reductionsversuche habe ich in der folgenden Tabelle zusammengestellt:

Phenyl-γ-bromitaconsäure.	Phenylparaconsäure.	Phenylitaconsäure.	Verlust berechnet auf
$C^{11}H^9O^4Br$	$C^{11}H^{10}O^4$	$C^{11}H^{10}O^4$	$C^{11}H^{10}O^4$
3,0565 gr gaben	2,2071	0,0012	0,0010
2,6482 » »	1,9114	0,0006	0,0021
5,5540 » »	4,0092	0,0017	0,0036

Die Phenyl-γ-bromitaconsäure zersetzt sich also durch nascirenden Wasserstoff in saurer Lösung fast ausschliesslich in Phenylparaconsäure. Phenylitaconsäure tritt dabei nur in äusserst kleinen Quantitäten auf.

Phenyl-β-bromparaconsäure.

Bei der Behandlung von Phenylitaconsäure mit Brom bildet sich die Phenyl-β-bromparaconsäure in weit geringerer Menge als die Phenyl-γ-bromitaconsäure; sie beträgt nur ca. 7 % des gesammten Reactionsproductes. Sie löst sich leicht in Aether, Eisessig und in heissem Benzol. In Chloroform ist sie leichter löslich als Phenyl-γ-bromitaconsäure. In Schwefelkohlenstoff ist sie nur äusserst wenig löslich. Gegen Wasser verhält sie sich wie die Phenyl-γ-bromitaconsäure, indem sie sich in siedendem Wasser auflöst, bei längerem Kochen Bromwasserstoff und Kohlensäure abspaltet und in Benzoylpropionsäure übergeht.

Die schönsten Krystalle von Phenyl-β-bromparaconsäure erhielt ich durch Umkrystallisiren aus Chloroform, woraus sie in grossen, farblosen Tafeln auskrystallisirt. Diese sind dreikantig, erscheinen aber sechseckig in Folge der Abstumpfung der drei Ecken. Die Krystalle sind durchsichtig und besitzen oft eine Kantenlänge von anderthalb Centimeter und eine Dicke von einem Millimeter. Sie sind rhombisch, zeigen aber einen höheren Grad der Symmetrie als die Krystalle der Phenyl-γ-bromitaconsäure, indem sie sich in ihren Winkeln dem tetragonalen System ausserordentlich nähern.

Der Gefälligkeit des Herrn Dr. L i n c k verdanke ich die Messung der Krystalle der Phenyl-β-bromparaconsäure; derselben stelle ich die krystallographische Untersuchung der β-Chlorterebinsäure gegenüber, welche Herr Dr. L i w e h [1] ausführte, und werde in den theoretischen Schlussbetrachtungen diese beiden Säuren weiter mit einander vergleichen.

---

[1] Annalen 226, p. 368.

Phenyl-β-bromparaconsäure	β-Chlorterebinsäure
Schm. 144°	Schm. 168°
aus Chloroform krystallisirt.	aus Alkohol krystallisirt.

Phenyl-β-bromparaconsäure
Schm. 144°
aus Chloroform krystallisirt.
rhombisch; $a:b:c = 0,5998 :$
$1 : 0,9756$
beobachtete Formen: c, o, b u. q

		Gemessen:	Berechnet:
o : b	(111 : 010)	62°56′	—
c : o	(001 : 111)	62°12′	—
c : q	(001 : 011)	44°18′	44°17′
c : b	(001 : 010)	90°—	90°—

Die Fläche q tritt nicht an allen Krystallen auf. Der stumpfe Axenwinkel ist zu gross und tritt daher weder in Luft noch in Oel aus.

Habitus der Krystalle: Vorwalten von c und b.

Die Reflexe sind gut

Unvollkommen spaltbar

$\mathrm{n}/\infty \tilde{P} \infty$

Axenebene ist $\infty \tilde{P} \infty$

β-Chlorterebinsäure
Schm. 168°
aus Alkohol krystallisirt.
rhombisch; $a:b:c = 0,7137 :$
$1 : 0,9827$
c, o, b und q

Gemessen:	Berechnet:
59°58′	—
59°17′	59°24′
—	44°30′
90°—	90°—

Die Fläche q tritt nicht an allen Krystallen auf. Der stumpfe Axenwinkel ist zu gross und tritt daher weder in Luft noch in Oel aus.

Tafelförmig durch Vorwalten von c.

Axenebene nicht bestimmt.

Die Phenyl-β-bromparaconsäure schmilzt bei 144° unter Aufschäumen, färbt sich aber bei 135° hellbraun.

Zum Zwecke einer Brombestimmung ward der Säure das Brom mit kohlensaurem Natrium und Natriumamalgam entzogen und wurde dabei ebenso verfahren wie bei der Brombestimmung der Phenyl-γ-bromitaconsäure. Während der Behandlung mit Sodalösung und Salpetersäure trat auch das bei der letzteren beschriebene Farbenspiel auf.

Die Analysen bestätigten die Formel $C^{11}H^9O^4Br$.

I. 0,2094 gr exsiccatortrockene Substanz gaben 0,3546 CO^2 und 0,0627 H^2O.

II. 0,2060 gr exsiccatortrockene Substanz gaben 0,1355 AgBr.

	Berechnet für:	Gefunden:	
	$C^{11}H^9O^4Br$	I	II
C	46,32	46,18	—
H	3,16	3,33	—
Br	28,07	—	28,—

Da auch Phenyl-β-bromparaconsäure durch Kochen mit Wasser oder Behandeln mit kohlensaurem Natrium in Benzoylpropionsäure übergeht, musste die Einwirkung von nascirendem Wasserstoff wie bei der Phenyl-γ-bromitaconsäure kalt in essigsaurer Lösung mit Natriumamalgam vorgenommen werden. Auch hierbei erhielt ich Phenylparaconsäure.

Darstellung von Benzoylpropionsäure aus den gebromten Säuren.

Wie bereits erwähnt, gehen Phenyl-γ-bromitaconsäure und Phenyl-β-bromparaconsäure beim Kochen mit Wasser unter Abspaltung von Bromwasserstoff und Kohlensäure in Benzoylpropionsäure über. Zur Darstellung derselben wird die gebromte Säure mit einer grösseren Menge Wasser auf dem Drahtnetz am Rückflusskühler erhitzt. Zuerst schmilzt sie zu Oeltropfen, welche untersinken und sich dann im Wasser auflösen. Nach zwei- bis dreistündigem Kochen lässt man erkalten; die Flüssigkeit trübt sich, Krystalle scheiden sich ab und werden durch Absaugen von der bromwasserstoffhaltigen Lösung getrennt und aus heissem Wasser unter Hinzufügen von etwas Thierkohle umkrystallisirt. Sie stellen feine Nadeln dar, welche zu langen Spiessen anwachsen. Das Becherglas, worin die concentrirte Lösung erkaltet, füllt sich dabei mit von dem Boden bis zur Oberfläche reichenden, zehn bis zwölf Centimeter langen, durchsichtigen, gezackten Krystallen, welche rings längs der Wandung des Gefässes aufgestellt sind; sie sind sehr dünn und biegsam.

Aus dem bromwasserstoffhaltigen Filtrat scheiden sich bei mässigem Eindampfen auf dem Wasserbad noch weitere Krystalle ab; der Rest wird durch Ausschütteln mit Aether daraus erhalten.

Die Ausbeute an Benzoylpropionsäure aus beiden gebromten Säuren ist eine gleich vorzügliche und es scheint die

Reaction fast quantitativ zu verlaufen. Es ist daher zum
Zwecke der Darstellung von Benzoylpropionsäure nicht noth-
wendig, die gebromten Säuren erst vollständig von einander
zu trennen. Es genügt, das durch Einwirkung von Brom auf
Phenylitaconsäure erhaltene feste Product zwei bis drei Mal
aus trockenem Chloroform umzukrystallisiren, dann geht es,
mit Wasser gekocht, glatt in Benzoylpropionsäure über; ein
2- bis 3maliges Umkrystallisiren aus Chloroform ist aber un-
bedingt nöthig, um die gebromten Säuren von der ihnen an-
haftenden öligen Verunreinigung und unzersetzter Phenylitaconsäure zu trennen.

Die auf die oben beschriebene Weise erhaltene Säure
schmilzt constant bei 116° und zeigt alle·Eigenschaften der
Benzoylpropionsäure. Etwas über ihren Schmelzpunkt erhitzt,
färbt sie sich roth; lässt man dann erkalten, so wird sie wieder
krystallinisch und bleibt dabei roth gefärbt. Burcker[1] ver-
muthet, dass sie sich hierbei in ihr Anhydrid verwandle. .

Die Analysen lieferten auf die Formel $C^{10}H^{10}O^3$ stimmende Zahlen:

I. 0,2239 gr lufttrockener, aus Wasser krystallisirter Substanz
gaben 0,5518 gr CO^2 und 0,1173 gr H^2O.

II. 0,2238 gr lufttrockener, aus Benzol krystallisirter Substanz
gaben 0,5522 gr CO^2 und 0,1168 gr H^2O.

	Berechnet für:	Gefunden:	
	$C^{10}H^{10}O^3$	I	II
C	67,41	67,22	67,29
H	5,62	5,82	5,80

Die aus Wasser wie die aus Benzol erhaltenen Krystalle
verloren bei 110° getrocknet nicht an Gewicht.

---

[1] Annales de chimie et de physique, Bd. 26, p. 433 (1882). Bulle-
tin de la société chimique 35, 17.

Die Säure ist wenig löslich in kaltem, aber leicht löslich in heissem Wasser, woraus in der Kälte die oben beschriebenen charakteristischen, prachtvoll glänzenden, blätterähnlichen, gefiederten, flachen Nadeln anschiessen. Beim Erhitzen unter Wasser schmilzt sie zunächst und löst sich dann auf. Sie ist leicht löslich in Benzol und scheidet sich daraus in perlmutterglänzenden Schüppchen ab. Aus Aether, worin sie sich sehr leicht löst, krystallisirt sie bald in radial angeordneten Nadeln, bald in flitterähnlichen Blättchen aus. In Alkohol und in Chloroform ist die Säure leicht löslich, fast unlöslich aber in Ligroin. Sie stimmt, wie bereits erwähnt, in ihrem Verhalten überein mit der von E. Burcker aus Bernsteinsäureanhydrid und Benzol mit Aluminiumchlorid nach der Friedel-Crafts'schen Methode dargestellten Benzoylpropionsäure, welche später v. Pechmann[1] bei der Reduction von Benzoylacrylsäure und W. Kues und C. Paal[2] aus Benzoylisobernsteinsäure durch Erhitzen über ihren Schmelzpunkt erhielten.

Nur gibt Burcker an, dass die aus Wasser krystallisirte Säure ein Molekül Krystallwasser enthalte, während die aus allen anderen Lösungsmitteln erhaltene Säure vollkommen wasserfrei sei. Aber obwohl ich die aus Wasser krystallisirte Säure zunächst im Exsiccator aufbewahrte und dann bei 110° trocknete, konnte ich eine Gewichtsabnahme der lufttrockenen Substanz nicht constatiren. In den Angaben von v. Pechmann, Kues und Paal befindet sich keine Notiz über den Krystallwassergehalt der Säure, auch sie scheinen also Krystallwasser darin nicht beobachtet zu haben. Ebenso theilte mir Herr Schiffer, der, wie ich in der Einleitung auseinandersetzte, diese Säure im hiesigen Laboratorium aus Isophenyl-

---

[1] Ber. XV, p. 890.
[2] Ber. XVIII, p. 3323.

— 11 —

crotonsäure darstellte, mit, er habe gleichfalls Krystallwasser nicht bemerkt.

Ich will mich jetzt zur Beschreibung der charakteristischen, schön krystallisirenden Salze der Benzoylpropionsäure wenden.

Benzoylpropionsaures Baryum.

2 gr Benzoylpropionsäure wurden in siedendem Wasser gelöst und mit etwas mehr als der berechneten Menge kohlensaurem Baryum gekocht. Nach kurzer Zeit reagirte die Lösung neutral. Es wurde vom unverbrauchten kohlensauren Baryum abfiltrirt und die Lösung eingeengt. In der Kälte scheiden sich hügelartig geformte, warzenförmige Krystallaggregate ab, welche aus lauter kleinen Nädelchen bestehen. Aus sehr verdünnten Lösungen erhielt ich zwei bis drei Millimeter lange Nadeln, welche gesammelt und zur Analyse verwandt wurden.

0,2083 gr lufttrockene Substanz lieferten 0,0991 gr Ba SO⁴.

Berechnet für (C¹⁰H⁹O³)²Ba	Gefunden :
Ba 27,90	27,97

Das benzoylpropionsaure Baryum ist leicht löslich in heissem Wasser, weniger leicht in kaltem Wasser, fast unlöslich in Alkohol.

Burcker behauptet, das Salz verliere bei 110° zwei Moleküle Krystallwasser, doch beobachtete ich keine Gewichtsabnahme des lufttrockenen Salzes, weder im Exsiccator noch beim Trocknen bei 120°. Auch Herr Schiffer fand in dem von ihm analysirten Salze kein Krystallwasser.

Benzoylpropionsaures Calcium.

3 gr in siedendem Wasser gelöste Benzoylpropionsäure wurden mit kohlensaurem Calcium versetzt und aufgekocht.

Die neutral reagirende Lösung ward filtrirt und auf dem Wasserbad ein wenig eingedampft. Beim Erkalten der Lösung schied sich das Salz in langen, glänzenden Krystallen ab, welche parallel der Längsrichtung eine Streifung zeigten. Die nadelförmigen Krystalle wurden abfiltrirt, auf Fliesspapier getrocknet und nach achtzehnstündigem Liegen an der Luft analysirt. Burcker sagt, dass die prismatischen Nadeln dem rhombischen System angehören und 3 Moleküle Krystallwasser enthalten, doch fand ich 4 Moleküle Krystallwasser, ebenso Herr Schiffer. Beim Erhitzen auf 100 bis 110° schmilzt das Salz in seinem Krystallwasser und ist nach kurzer Zeit vollständig wasserfrei; bei weiterem Erhitzen auf 120° nimmt sein Gewicht nicht mehr ab.

0,2434 gr lufttrockenes Salz verloren bei 110° getrocknet 0,0375 H^2O und gaben 0,0708 Ca SO^4.

Berechnet für $(C^{10} H^9 O^3)^2 Ca + 4$ aq :		Gefunden :
H^2O	15,45	15,40
Ca	8,58	8,55

Berechnet für das wasserfreie Salz $(C^{10} H^9 O^3)^2 Ca$:		Gefunden :
Ca	10,15	10,11

Das krystallisirte benzoylpropionsaure Calcium löst sich leicht in heissem Wasser, weniger leicht in kaltem Wasser; doch ist es in heissem wie in kaltem Wasser etwas schwerer löslich als das Baryumsalz. In Alkohol ist das Calciumsalz kaum löslich.

Benzoylpropionsaures Silber.

Benzoylpropionsaures Calcium wurde in Wasser gelöst und kalt mit salpetersaurer Silberlösung (1 : 5) versetzt; ein voluminöser weisser Niederschlag schied sich ab; derselbe wurde abgesaugt und mit lauwarmem Wasser ausgewaschen.

Dann wurde das getrocknete und feingepulverte Salz aus siedendem Wasser umkrystallisirt; es löst sich darin ziemlich schwer und zersetzt sich bei längerem Kochen mit Wasser theilweise.

Benzoylpropionsaures Silber krystallisirt in schönen, filigranähnlichen, krystallinischen Gebilden, welche getrocknet wie haarförmiges Silber aussehen. Das Salz ist recht lichtbeständig und lässt sich aufbewahren, ohne sich zu verändern. Die Analysen gaben folgende Zahlen:

I. 0,2049 gr exsiccatortrockene Substanz lieferten 0,0777 Ag.

II. 0,1925 gr exsiccatortrockene Substanz lieferten 0,0729 Ag und 0,2971 CO_2 und 0,0556 H_2O.

Berechnet für:		Gefunden:	
$C^{10}H^9O^3Ag$		I	II
C	42,11	—	42,09
H	3,16	—	3,21
Ag	37,89	37,92	37,87

Verhalten der Benzoylpropionsäure gegen nascirenden Wasserstoff.

Obschon die Eigenschaften der Säure und ihrer Salze mit Burckers Angaben über Benzoylpropionsäure übereinstimmen, die Bestimmungen des Krystallwassergehaltes der Säure, des Baryum- und Calciumsalzes freilich ausgenommen, so waren es doch gerade diese letzteren Differenzen, welche mich veranlassten, auf die Säure nascirenden Wasserstoff einwirken zu lassen, um zu erkennen, ob ich wirklich Benzoylpropionsäure unter den Händen hatte. In diesem Falle sollte ich durch Einwirkung von Wasserstoff Phenyl-γ-oxybuttersäure bekommen, welche durch Wasserabspaltung in Phenylbutyrolacton übergeht.

Es existirt nämlich noch eine einbasische, wohl untersuchte Säure von der Formel $C^{10}H^{10}O^3$, welche gleichfalls bei 115-116° schmilzt und ein schön krystallisirendes Baryumsalz

liefert. Es ist die von **Mastmoto** [1] und von **Georg Peine**
durch Kochen von Zimmtaldehyd mit Cyankalium und Salzsäure dargestellte Phenyl-α-oxycrotonsäure: C^6H^5—CH=CH
—CH(OH)—COOH, welche mit der Benzoylpropionsäure
isomer ist, durch nascirenden Wasserstoff aber in Phenyl-α-
oxybuttersäure übergeführt werden muss.

Ich fügte daher zu 6 gr Säure ein klein wenig verdünnte
Natronlauge und setzte dann, auf dem Wasserbad schwach
erwärmend, allmälig das Zehnfache der theoretisch erforder-
lichen Menge vierprocentigen Natriumamalgams in kleinen
Stückchen zu, wobei ich von Zeit zu Zeit die alkalische Reaction durch Zusatz von verdünnter Schwefelsäure schwächte.
Nachdem nach einigen Stunden die abgewogene Menge (390 gr)
Natriumamalgam verbraucht war, wurde vom Quecksilber abfiltrirt, mit Salzsäure angesäuert und am Rückflusskühler kurze
Zeit aufgekocht. Dann wurde mit kohlensaurem Natrium alkalisch gemacht und mit Aether extrahirt. Phenylbutyrolacton
und ein in Aether schwer löslicher, weisser Körper wurden
aufgenommen. Die alkalische Flüssigkeit ward nochmals angesäuert, aufgekocht, wiederum alkalisch gemacht und mit Aether
ausgeschüttelt, welcher eine kleine Menge Lacton und eine
grössere Menge des weissen, neutralen Pulvers nach dem Ab-
sieden zurückliess. Beim nunmehrigen Ansäuren fällt eine
Substanz aus, die keine Benzoylpropionsäure ist und sich beim
Aufkochen in salzsaurer Lösung in das erwähnte weisse, neu-
trale Product zu verwandeln scheint. Dieses schmilzt bei 165°;
es ist schwer löslich in Aether, unlöslich in kohlensaurem
Natrium, leicht löslich in heissem Alkohol, woraus es beim
Erkalten in schönen, farblosen Nadeln krystallisirt; in kalter
Natronlauge ist es unlöslich, in heisser Natronlauge löst es

[1] Berichte VII, p. 1144.
[2] Berichte XVII, p. 2114.

sich erst nach längerem Kochen; über seinen Schmelzpunkt erhitzt verflüchtigt es sich, ohne einen Rückstand zu hinterlassen. Es dürfte wohl identisch sein mit einem Reductionsproduct der Benzoylpropionsäure, welches v. Pechmann bei längerem Kochen derselben mit 50procentiger Essigsäure und Zinkstaub erhielt. Vielleicht hat sich zunächst durch die Reduction der Benzoylpropionsäure mit Natriumamalgam eine polymere Oxysäure gebildet analog der Entstehung von Pinakon aus Aceton und ist dann diese Oxysäure durch Kochen mit Salzsäure in Folge von Wasserabspaltung in ein Dilacton übergegangen, folgenden Gleichungen etwa entsprechend:

$$2\,(CH^3{-}CO{-}CH^3) + 2\,H = \begin{array}{l} CH^3{-}COH{-}CH^3 \\ \quad\ | \\ CH^3{-}COH{-}CH^3 \end{array}$$

$$2\,(C^6H^5{-}CO{-}CH^2{-}CH^2{-}COOH) + 2\,H = \begin{array}{l} C^6H^5{-}C(OH){-}CH^2{-}CH^2{-}COOH \\ \qquad\qquad | \\ C^6H^5{-}C(OH){-}CH^2{-}CH^2{-}COOH \end{array}$$

$$\begin{array}{l} C^6H^5{-}C(OH){-}CH^2{-}CH^2{-}COOH \\ \qquad\quad | \\ C^6H^5{-}C(OH){-}CH^2{-}CH^2{-}COOH \end{array} = \begin{array}{l} O{-}\!\!\!-\!\!\!-\!\!\!-\!\!\!- \\ | \qquad\qquad\quad | \\ C_6H_5{-}C{-}CH^2{-}CH^2{-}CO \\ | \\ C_6H_5{-}C{-}CH^2{-}CH^2{-}CO \\ | \qquad\qquad\quad | \\ O{-}\!\!\!-\!\!\!-\!\!\!-\!\!\!- \end{array} + 2\,H^2O$$

Wegen Mangel an Zeit und Material konnte leider die Untersuchung dieses interessanten Körpers nicht fortgesetzt werden.

Unveränderte Benzoylpropionsäure ward bei diesem Versuch nicht wieder zurückgewonnen; sie war also durch Natriumamalgam vollständig zersetzt worden, und bei Weitem der grösste Theil derselben war in Phenyl-γ-oxybuttersäure verwandelt worden, woraus durch das Erhitzen mit Salzsäure Phenylbutyrolacton entstand.

Aus 6 gr mit Natriumamalgam behandelter Säure habe ich 4,2 gr reines Lacton gewonnen, das ein farbloses Oel bildete, welches beim Hineinwerfen eines Krystallsplitters von Phenylbutyrolacton sofort fest wurde. Es schmolz constant bei 37°; sein Siedepunkt lag bei 305°; es war leicht löslich in Alkohol, Aether und Schwefelkohlenstoff. Aus letzterem Lösungsmittel ward es in schönen, farblosen Krystallen erhalten, deren Elementaranalyse zu folgenden, auf Phenylbutyrolacton stimmenden Zahlen führte :

0,2172 exsiccatortrockene Substanz gaben 0,5885 gr CO_2 und 0,1228 gr H_2O.

Berechnet für $C^{10} H^{10} O^3$:		Gefunden :
C	74,07	73,89
H	6,17	6,28

Es kann somit kein Zweifel mehr obwalten, dass die aus den gebromten Säuren durch Kochen mit Wasser entstandene Säure wirklich Benzoylpropionsäure ist, da sie mit Natriumamalgam in Phenyl-γ-oxybuttersäure übergeht.

Verhalten der Phenylparaconsäure gegen Brom.

Nachdem die Producte der Einwirkung von Brom auf die Phenylitaconsäure untersucht waren, war es interessant, Brom auf die isomere Phenylparaconsäure einwirken zu lassen.

Zu diesem Zwecke fügte ich in einem Stöpselcylinder zu Phenylparaconsäure, welche durch Auflösen in heissem Wasser und Abkühlen unter Umschütteln in möglichst feiner Vertheilung in Wasser erhalten war, Brom in kleinen Portionen, und zwar zu einem Molekül Phenylparaconsäure ein klein wenig mehr als ein Molekül Brom, nämlich zu 10 gr Phenylparaconsäure 8 gr Brom, statt 7,78 gr wie berechnet.

Beim jedesmaligen Schütteln verschwand die Farbe des

Broms zuerst rasch, später etwas langsamer, und schliesslich blieb die Lösung hellroth gefärbt.

Das Reactionsproduct war anfänglich weich, wurde aber durch wiederholtes Umschütteln fest. Dann wurde abfiltrirt und der Niederschlag im Exsiccator über Kalihydrat und Schwefelsäure getrocknet, wobei sich etwas Bromwasserstoff entwickelte.

Das gebildete gebromte Product löst sich leicht in Chloroform, woraus es in kleinen, schwach gelbgefärbten Krystallen krystallisirt. Farblose Krystalle wurden aus Benzol erhalten; darin ist der gebromte Körper in der Wärme leicht löslich und scheidet sich beim Erkalten in perlmutterglänzenden, schuppenartigen Blättchen wieder ab. Er ist schwer löslich in kaltem Wasser, leicht aber in heissem Wasser, woraus er in silberweissen Blättchen erhalten wird, welche sich unter dem Mikroskop in ein Haufwerk farbloser, prismatischer Nadeln auflösen. Aus einer verdünnten, wässerigen, langsam erkaltenden Lösung bekam ich zwei bis drei Millimeter lange Prismen. In Schwefelkohlenstoff ist das Bromproduct nur sehr schwer löslich, leicht dagegen in Alkohol sowie in Ligroin; aus letzterem Lösungsmittel schiesst es in langen, feinen Nadeln an. In kohlensaurem Natrium löst es sich unter Aufbrausen, aber selbst bei längerem Kochen mit kohlensaurem Natrium gibt es kein Brom ab. Das Brom sitzt daher im Benzolkern der gebromten Säure, wie es auch zu erwarten war, da die Bromirung in der Kälte stattgefunden hatte. Die Säure wurde durch wiederholtes Umkrystallisiren aus Benzol und dann aus Wasser von Spuren ihr anhaftender, unzersetzter Phenylparaconsäure gereinigt. Sie schmilzt bei 141 $\frac{1}{2}$°; bei höherem Erhitzen entsteht Gasentwicklung, und ein rothes Oel geht über.

Die Analysen bestätigten die Formel der Bromphenylparaconsäure:

I. 0,2295 gr bei 70° getrockneter Substanz gaben 0,3888 CO_2 und 0,0694 H_2O.

II. 0,1230 gr bei 70° getrockneter Substanz gaben 0,0811 AgBr.

Berechnet für:		Gefunden:	
$C^{11}H^9BrO^4$		I	II
C	46,31	46,20	—
H	3,16	3,36	—
Br	28,07	—	28,05

Die Brombestimmung geschah mit Hilfe von Natriumamalgam. Nach der Entfernung des Bromsilbers wurde mit Salzsäure versetzt und von dem gebildeten Chlorsilber abfiltrirt. Aus dem Filtrat krystallisirte nach dem Einengen bei 99° schmelzende Phenylparaconsäure aus.

Wir haben es also in der That mit Bromphenylparaconsäure zu thun, und ist, wie oben dargethan worden, das Brom in den Benzolkern eingetreten.

Theoretische Betrachtungen.

Die Bildung der Phenylitaconsäure aus Phenylparaconsäureäthyläther durch Einwirkung von Natrium oder Natriumäthylat unter Freiwerden von Wasserstoff resp. Alkohol ist ganz analog der Entstehung der Teraconsäure aus Terebinsäureäthyläther und scheint folgendermassen zu verlaufen:

$$
\begin{array}{c}
COOC^2H^5 \\
| \\
C^6H^5{-}CH{-}CH{-}CH^2 + Na \\
| \qquad | \quad \text{resp. Na } OC^2H^5 \\
O{-}{-}{-}{-}CO
\end{array}
\quad = \quad
\begin{array}{c}
COOC^2H^5 \\
| \\
C^6H^5{-}C\,Na{-}CH{-}CH^2 + H \\
| \qquad\quad | \quad \text{resp. } C^2H^5OH \\
O{-}{-}{-}{-}CO
\end{array}
$$

und der intermediär gebildete Phenylnatriumparaconsäureäthyläther wird durch Umlagerung der Atome im Molekül in das isomere Natriumsalz des sauren Phenylitaconsäurеäthyläthers übergehen:

$$C^6H^5-C\,Na-CH-CH^2 \underset{\substack{| \qquad\qquad |\\ O \text{———} CO}}{\overset{\substack{COOC^2H^5\\ |}}{}} = C_6H_5-CH = \underset{\substack{|\\ COO\,Na}}{\overset{\substack{COOC^2H^5\\ |}}{C-CH^2}}$$

Eine andere, vielleicht nicht minder wahrscheinliche Erklärung dieses interessanten Vorgangs böte freilich die Annahme, dass das Natriumatom an Stelle des am β-Kohlenstoffatom sitzenden Wasserstoffatoms eingetreten sei und dann den Lactonring gesprengt habe, wobei doppelte Bindung zwischen dem β- und γ-Kohlenstoffatom stattfand:

$$C^6H^5-CH-\underset{\substack{|\qquad\qquad|\\ O\text{———}CO}}{\overset{\substack{COOC^2H^5\\|}}{CH}-CH^2} + Na = C^6H^5-CH-\underset{\substack{|\qquad\qquad|\\ O\text{———}CO}}{\overset{\substack{COOC^2H^5\\|}}{CNa}-CH^2} + H$$

$$C^6H^5-CH-\underset{\substack{|\qquad\qquad|\\ O\text{———}CO}}{\overset{\substack{COOC^2H^5\\|}}{CNa}-CH^2} = C^6H^5-CH = \underset{\substack{|\\ COO\,Na}}{\overset{\substack{COOC^2H^5\\|}}{C-CH^2}}$$

Das Vorhandensein der beiden Carboxylgruppen an benachbarten Kohlenstoffatomen erklärt auch die Eigenschaft der Phenylitaconsäure, beim Destilliren unter Wasseraustritt in ihr Anhydrid überzugehen, wie dies auch bei der Teraconsäure der Fall ist. Die Eigenschaften der Salze der Phenylitaconsäure und das Verhalten der Säure gegen Schwefelsäure und Brom lassen sie in der That der Teraconsäure vollkommen analog erscheinen.

* * *

Durch Einwirkung von Brom auf die zweibasische Säure entstehen zwei gebromte Säuren, welche beim Digeriren mit Wasser oder mit kohlensaurem Natrium Kohlensäure und

Bromwasserstoff abspalten. Von kaltem Wasser werden sie nicht angegriffen; Sodalösung entzieht ihnen bereits in der Kälte Brom.

Die Reaction verläuft vielleicht so, dass sich zunächst zwei Bromatome an die Phenylitaconsäure anlagern und sich dann Bromwasserstoff abspaltet:

$$C^6H^5-CH = C \quad - \quad CH^2 + 2\,Br = C^6H^5-CH\,Br-C\,Br \quad - \quad CH^2$$
$$\underset{COOH}{|} \quad \underset{COOH}{|} \qquad\qquad\qquad \underset{COOH}{|} \quad \underset{COOH}{|}$$

$$I. \quad \underset{\substack{| \\ COOH}}{C^6H^5-CHBr}-\underset{\substack{| \\ COOH}}{CBr} \; - \; CH^2 = C^6H^5-\underset{\substack{| \\ COOH}}{CBr} = C \; - \; \underset{\substack{| \\ COOH}}{CH^2} + HBr$$

Phenyl-γ-bromitaconsäure, Schm. 90°

$$II. \quad \underset{\substack{| \\ COOH}}{C^6H^5-CHBr}-\underset{\substack{| \\ COOH}}{CBr} \; - \; CH^2 = C^6H^5-\underset{\substack{| \\ O}}{CH}-\underset{\substack{| \\ COOH}}{CBr} \; - \; \underset{\substack{| \\ CO}}{CH^2} + HBr$$

Phenyl-β-bromparaconsäure, Schm. 144°

Eigenthümlich ist es aber immerhin, dass zur Bromirung der Phenylitaconsäure wie der Teraconsäure die Gegenwart von Wasser erforderlich zu sein scheint — vielleicht behufs Absorption der gebildeten Bromwasserstoffsäure.

Dass die bei 144° schmelzende Säure in der That wohl als Phenyl-β-bromparaconsäure angesehen werden darf, ergibt sich aus der Uebereinstimmung der Ausbildung ihrer Krystalle mit denjenigen der von Frost aus Teraconsäure durch Einwirkung von Chlor dargestellten β-Chlorterebinsäure (Schm. 168°). Die Axenverhältnisse der Krystalle dieser beiden Säuren, ihr tetragonaler Habitus, ja sämmtliche an ihren auftretende Flächen sind ausserordentlich ähnlich, so dass sie auf eine isomorphe Reihe rhombisch krystallisirender β-halogensubstituirter Lactonsäuren schliessen lassen; denn derartige Beziehungen sind wohl keine zufälligen.

Auch die Phenyl-γ-bromitaconsäure (Schm. 99°) geht beim Behandeln mit Natriumamalgam ziemlich glatt in Phenyl-paraconsäure über, vielleicht nach folgenden Gleichungen:

$$\text{III.} \quad \begin{array}{c} C^6H^5\text{—CBr} = C - CH^2 \\ | \qquad | \\ COOH \quad COOH \end{array} + 2\,H = \begin{array}{c} C^6H^5\text{—CHBr—CH} - CH^2 \\ | \qquad | \\ COOH \quad COOH \end{array}$$

$$\text{IV.} \quad \begin{array}{c} C^6H^5\text{—CHBr—CH} - CH^2 \\ | \qquad | \\ COOH \quad COOH \end{array} = \begin{array}{c} C^6H^5\text{—CH—CH} - CH^2 \\ | \qquad | \qquad | \\ O\!-\!\!-\!\!-\!\!COOH\!-\!\!-\!\!-\!\!CO \end{array} + HBr$$

Es würden sich demnach an die Phenyl-γ-bromitaconsäure zunächst zwei Wasserstoffatome anlagern und wäre dann in der gesättigten γ-halogensubstituirten Säure die Tendenz der Carboxylgruppe sich innerhalb des Moleküls zu sättigen so gross, dass die Lactonsäure unter Bromwasserstoffabspaltung gebildet würde, und dass so der Vorgang IV dem Vorgang II an die Seite gestellt werden könnte. Neben Phenylparacon-säure erhielt ich freilich auch Phenylitaconsäure bei der Einwirkung von Natriumamalgam auf Phenyl-γ-bromitaconsäure, aber nur in kleinen Mengen.

Dieses Verhalten der Phenyl-γ-bromitaconsäure gegen Wasserstoff erweckt Zweifel an der Richtigkeit der vorläufig für sie aufgestellten Constitutionsformel und Bezeichnungsweise. Wenn nämlich auch die Lactonbildung mit dem am γ-Kohlen-stoffatom gebundenen Bromatom in Folge der erfahrungsmässig sehr viel festeren Bindung der Halogenatome an doppelt ge-bundenen Kohlenstoffatomen verhindert sein mag, so wäre bei der Einwirkung von Wasserstoff in kalter, saurer Lösung doch eher die Bildung von Phenylitaconsäure zu erwarten gewesen. — Es wird daher wohl gestattet sein, eine andere Formel für diese gebromte Säure in Betracht zu ziehen, indem man sich dieselbe durch Substitution von Brom an Stelle des am

γ-Kohlenstoffatom sitzenden Wasserstoffatoms der Phenylitaconsäure entstanden denkt und als Phenyl-γ-bromparaconsäure

$$\begin{array}{c} \text{COOH} \\ | \\ C^6H^5 - CBr - CH - CH^2 \\ | \qquad\qquad | \\ O\!\!-\!\!-\!\!-\!\!-\!\!-\!\!CO \end{array}$$

auffasst.

Ob die bei 99° schmelzende Säure als Phenyl-γ-bromitaconsäure oder als Phenyl-γ-bromparaconsäure anzusprechen
ist, muss dahingestellt bleiben, da bei dieser Säure ebenso wie
bei der Phenyl-β-bromparaconsäure (Schm. 144°) ein Titriren
mit kohlensaurem Natrium behufs Bestimmung der Basicität
nicht möglich war, denn bevor die feingepulverten Säuren sich
völlig in der Titrirflüssigkeit gelöst hatten, war bereits eine
Zersetzung der gebildeten Natriumsalze unter Gelbfärbung der
Lösung eingetreten.

Wenn auch die beiden gebromten Säuren sich gegen
Wasser und kohlensaures Natrium sehr ähnlich verhalten, so
dürfen diese beiden isomeren Säuren doch keineswegs als
physikalische Modificationen desselben Körpers angesehen
werden, denn einerseits dürfte ein und derselbe Körper nicht
wohl mit zwei verschiedenen Axenverhältnissen in demselben
Krystallsystem krystallisiren, anderseits weichen die Schmelz-
punkte der beiden Säuren ganz bedeutend von einander ab.
Die γ-gebromte Säure schmilzt nämlich bei 99°, entlässt aber
erst bei 120° Gasbläschen, während die β-gebromte Säure bei
144° schmilzt und gleichzeitig stürmisch Gas entwickelt, das
wohl aus Kohlensäure und Bromwasserstoff besteht. Dieser
Umstand stellt die Phenyl-β-bromparaconsäure der β-Bromterebinsäure zur Seite, welche auf ihren Schmelzpunkt (151°)
erhitzt, sich gleichfalls unter stürmischer Gasentwicklung zersetzt; ebenso verhält sich die β-Chlorterebinsäure (Schm. 168°).

Ein Uebergang der Phenyl-β-bromparaconsäure in die γ-gebromte Säure oder umgekehrt wurde während des Umkrystallisirens der gebromten Säuren aus Chloroform nicht beobachtet, da bei drei Versuchen die beiden Körper annähernd in den gleichen procentischen Mengenverhältnissen erhalten wurden.

Die Teraconsäure unterscheidet sich dadurch von der Phenylitaconsäure, dass bei ihr am γ-Kohlenstoffatom kein Wasserstoffatom mehr gebunden ist, eine Bromwasserstoffabspaltung vom β- und γ-Kohlenstoffatom des aus ihr gebildeten Bromproductes nach Art der Gleichung I daher unmöglich ist. Dieses ist wohl die Ursache, dass sie mit Brom nur eine gebromte Säure, nämlich β-Bromterebinsäure liefert:

$$\underset{CH^3}{\overset{CH^3}{>}}C = C \underset{\underset{COOH}{|}}{} \underset{\underset{COOH}{|}}{CH^2} + 2Br = \underset{CH^3}{\overset{CH^3}{>}}CBr - CBr \underset{\underset{COOH}{|}}{} \underset{\underset{COOH}{|}}{CH^2}$$

$$\underset{CH^3}{\overset{CH^3}{>}}CBr - CBr \underset{\underset{COOH}{|}}{} \underset{\underset{COOH}{|}}{CH^2} = \underset{CH^3}{\overset{CH^3}{>}}C - CBr \underset{\underset{O----CO}{}}{} \underset{\underset{COOH}{|}}{} CH^2 + HBr$$

Eine Abspaltung von Bromwasserstoff von den α- und β-Kohlenstoffatomen wäre übrigens noch so denkbar:

$$\underset{CH^3}{\overset{CH^3}{>}}CBr - CBr \underset{\underset{COOH}{|}}{} \underset{\underset{COOH}{|}}{CH^2} = \underset{CH^3}{\overset{CH^3}{>}}CBr - C \underset{\underset{COOH}{|}}{} = CH \underset{\underset{COOH}{|}}{} + HBr$$

Die Entstehung der Terebilensäure beim Kochen der gebromten Säure mit Wasser ist auch durch diese zweite Formel erklärbar.

Durch Salzsäure und Bromwasserstoffsäure wird die Teraconsäure wahrscheinlich unter intermediärer Bildung sehr unbeständiger γ-halogenisirter Additionsproducte glatt in Terebinsäure verwandelt, während ein analoger glatter Uebergang der Phenylitaconsäure in die ihr entsprechende Lactonsäure bei Einwirkung von concentrirter Salzsäure nicht beobachtet werden konnte und auch beim Behandeln derselben mit wässeriger bei $0°$ gesättigter Bromwasserstoffsäure nur sehr wenig Phenylparaconsäure gefunden wurde.

Was endlich die Bildung der Benzoylpropionsäure aus den beiden gebromten Säuren betrifft, so lässt sie sich leicht, wie folgt, versinnbildlichen:

1. Zersetzung der Phenyl-γ-bromitaconsäure resp. Phenyl-γ-bromparaconsäure durch Wasser:

$$C^6H^5—CBr = C — CH^2 = C^6H^5—C = CH—CH^2 \quad + HBr + CO^2$$
$$\qquad\qquad | \qquad | \qquad\qquad | \qquad\qquad |$$
$$\qquad\qquad COOH \quad COOH \qquad O————CO$$

$$C^6H^5—CBr—CH — CH^2 \qquad C^6H^5—C = CH—CH^2 \quad + HBr + CO^2$$
$$\text{resp.} \quad | \qquad COOH \quad | \quad = \qquad | \qquad\qquad |$$
$$O————CO \qquad\qquad O————CO$$

Ganz analog verläuft auch die von Liebmann[1] beobachtete Zersetzung der aus Phenylisohomoparaconsäure durch Einwirkung von Bromwasserstoff erhaltenen Säure:

$$\qquad\qquad CH^3 \qquad\qquad\qquad\qquad CH^3$$
$$\qquad\qquad | \qquad\qquad\qquad\qquad\qquad |$$
$$C^6H^5—CHBr—C — CH^2 = C^6H^5—CH = C—CH^2 \quad + HBr + CO^2$$
$$\qquad\qquad | \qquad |$$
$$\qquad\qquad COOH \quad | \qquad\qquad\qquad\qquad COOH$$
$$\qquad\qquad\qquad\quad COOH$$

Das intermediär gebildete Product, ein nicht isolirtes ungesättigtes γ-Lacton, geht durch Kochen mit Wasser in Benzoylpropionsäure über:

---

[1] Louis Liebmann, Dissertation, Tübingen 1888, p. 15.

$$C^6H^5-C = CH-CH^2 \atop \underset{O\underline{\qquad}CO}{|\qquad\qquad|} + H^2O = \quad C^6H^5-C = CH-CH^2 \atop \underset{OH\qquad\quad COOH}{|\qquad\qquad|}$$

$$C^6H^5-C = CH-CH^2 \atop \underset{OH\qquad\quad COOH}{|\qquad\qquad|} = \quad C^6H^5-C-CH^2-CH^2 \atop \underset{O\qquad\qquad COOH}{\|\qquad\qquad|}$$

indem erfahrungsgemäss der Atomcomplex

$$- C = CH - \text{ sich in } -C-CH^2- \atop \underset{OH}{|} \qquad\qquad \underset{O}{\|}$$

umlagert, da Verbindungen mit Hydroxyl an einem doppelt gebundenen Kohlenstoffatom nicht beständig sind, sondern sich in gesättigte Körper verwandeln. Hierbei wird regelmässig der Sauerstoff des Hydroxyls zur Sättigung zweier Kohlenstoff- valenzen verwandt; man erhält so gesättigte Aldehyde, Ketone und Ketonsäuren, wo man die Bildung ungesättigter Hydroxyl- verbindungen erwarten sollte.

2. Die Zersetzung der Phenyl-β-bromparaconsäure durch Wasser erfolgt ganz entsprechend der Zersetzung des Phenyl- β-brombutyrolactons, von dem sie sich ja nur durch einen Mehrgehalt von CO^2 unterscheidet. Das Phenyl-β-brombutyro- lacton:

$$C^6H^5- CH-CH\,Br-CH^2 \atop \underset{O\underline{\qquad\qquad}CO}{|\qquad\qquad\qquad|}$$

wurde, wie ich bereits in der Einleitung erwähnte, von Herrn S c h i f f e r durch Behandeln der Phenyldibrombuttersäure mit kohlensaurem Natrium oder Wasser erhalten; es schmilzt bei 66—67°, ist leicht flüchtig mit Wasserdämpfen und geht schon beim Stehen in alkalischer Lösung in Benzoylpropionsäure über; dabei entsteht eine blaue, dann grüngelbe und schliess- lich rothe Färbung. Ein ähnliches Farbenspiel beobachtete ich bei der Einwirkung von kohlensaurem Natrium auf die beiden gebromten Säuren, wobei die Farbe sich von rothbraun in gelbgrün und schliesslich wieder in roth verwandelte.

Auch insofern weicht demnach die Teraconsäure von der Phenylitaconsäure ab, dass die aus der ersteren mit Brom entstandene β-Bromterebinsäure sich durch Wasser unter Bromwasserstoffverlust in Terebilensäure zersetzt, weil kein Wasserstoffatom an dem γ-Kohlenstoffatom der β-Bromterebinsäure gebunden ist, eine Bromwasserstoffabspaltung zwischen dem β- und γ-Kohlenstoffatom hier also nicht möglich ist, vielmehr die Zersetzung wohl, wie folgt, verläuft:

$$\begin{matrix} CH^3\!\!\searrow \\ CH^3\!\!\nearrow \end{matrix} \underset{\underset{O \!-\!\!-\!\!-\!\!-\! CO}{|\quad\;\; COOH\;\; |}}{C\!-\!CBr \;-\; CH^2} \;=\; \begin{matrix} CH^3\!\!\searrow \\ CH^3\!\!\nearrow \end{matrix} \underset{\underset{O \!-\!\!-\!\!-\!\! CO}{|\quad\;\; COOH\;\; |}}{C\!-\!C \;=\; CH} \;+\; HBr$$

* * *

Der Umstand, dass bei der Darstellung von Phenylitaconsäure durch Einwirkung von Natrium auf Phenylparaconsäureäthyläther wiederholt die der Isophenylcrotonsäure polymere, bei 179° schmelzende Säure aufgefunden wurde, erinnert an die von Erdmann beschriebene Bildung derselben durch Kochen von Phenylparaconsäure mit Schwefelsäure und ferner an den polymerisirenden Einfluss von Natrium resp. Natriumalkoholat auf Lactone, wie dieser aus den Arbeiten von Dubois[1], Rasch[2] und Erdmann[3] erhellt.

Die Entstehung der polymeren Säure durch Einwirkung von Natrium auf Phenylparaconsäureäthyläther und nachheriges Verseifen mit Natronlauge oder durch Digeriren von Phenyl-

---

[1] Hermann Dubois, Dissertation, Strassburg 1886.
[2] Hermann Rasch, Dissertation, Strassburg 1885.
[3] Erdmann, Annalen der Chemie 228, p. 190.

paraconsäure mit Schwefelsäure, verglichen mit ihrer Darstellung aus Phenylbutyrolacton durch Behandeln mit Schwefelsäure führt wohl zu folgenden Gleichungen:

$$2 \quad \begin{array}{l} C^6H^5-CH-CH^2-CH^2 \\ | | \\ O-\!\!\!-\!\!\!-\!\!\!-\!\!\!-CO \end{array} = \begin{array}{l} C^6H^5-C-CH^2-CH^2-COOH \\ \| \\ C^6H^5-C-CH^2-CH^2-COOH \end{array}$$

$$2 \quad \begin{array}{l} C^6H^5-CNa-CH \quad-\quad CH^2 \\ | | | \\ COOC^2H^5 \\ O-\!\!\!-\!\!\!-\!\!\!-\!\!\!-\!\!\!-CO \end{array} + 2\,H^2O = \begin{array}{l} C^6H^5-C-CH^2-CH^2-COO\,Na \\ \| \\ C^6H^5-C-CH^2-CH^2-COO\,Na \end{array}$$

$$+ \; 2 \; CO^2 + 2 \; C^2H^5OH$$

Diese Formel der polymeren Säure, wie sie bereits von Erdmann[1] aufgestellt worden, entspricht wohl ihrer Bildungsweise aus Phenylbutyrolacton und dem hypothetischen Phenylnatriumparaconsäureäthyläther, ist aber noch keineswegs bewiesen, da die Zersetzung und das sonstige Verhalten der Säure bis jetzt noch nicht eingehend studirt worden ist.

---

[1] **Hugo Erdmann, Dissertation.**

Einwirkung von Natriumäthylat auf Phenyl-butyrolacton.

Nachdem R a s c h, D u b o i s und E r d m a n n gezeigt hatten, dass durch Einwirkung von Natriumäthylat aut Valerolacton, Caprolacton und Isocaprolacton Condensations-producte [1] entstehen, welche aus 2 Molekülen Lacton bestehen, untersuchte ich das Verhalten von Phenylbutyrolacton gegen dasselbe Reagens, in der Hoffnung, gleichfalls einen solchen neutralen Körper, d. h. ein sogenanntes „condensirtes Lacton" zu erhalten.

In dieser Absicht trug ich 5 gr exsiccatortrockenes Phenylbutyrolacton in eine alkoholische Lösung von Natrium-äthylat ein, welche so dargestellt war, dass sie für je ein Molekül Lacton ein Atom Natrium enthielt, das in der zehn-fachen Menge absoluten, mit Kalk und Natrium auf das sorgfältigste entwässerten Alkohols gelöst worden war. Auf 5 gr Lacton verwandte ich 0,8 gr Natrium (berechnet 0,71 gr) in 8 gr Alkohol gelöst. Ich erhitzte nun 15 Stunden lang auf dem Wasserbad am Rückflusskühler, welcher zur Abhaltung von Luftfeuchtigkeit mit einem Chlorcalciumrohr versehen war; dann wurde der überschüssige Alkohol über Schwefel-säure im Vacuum abgedunstet. So erhielt ich eine schwach gelb gefärbte amorphe Substanz, welche zur Entfernung des unveränderten Lactons mit wasser- und alkoholfreiem Aether extrahirt wurde. Von der zurückbleibenden weissen Masse wurde die eine Hälfte aus absolutem Alkohol umkrystallisirt, woraus feine prismatische Nädelchen anschossen, welche ab-filtrirt und der Analyse unterworfen wurden. Sie bestanden aus einer Verbindung von einem Molekül Lacton und einem Molekül Natriumäthylat, wie nachfolgende Zahlen beweisen:

---

[1] Berichte 17, p. 3012.

0,2010 gr exsiccatortrockene Substanz lieferten 0,0624 gr Na²SO⁴.

Berechnet für $C^{12}H^{15}O^3Na$:	Gefunden :
Na 10,00	10,06

Aus dem alkohölischen Filtrat krystallisirten nach längerem Stehen Blättchen aus, welche sich durch die Analyse als phenyloxybuttersaures Natrium erwiesen :

0,2151 gr exsiccatortrockene Substanz gaben 0,0758 gr Na_2SO^4.

Berechnet für $C^{10}H^{11}O^3Na$:	Gefunden :
Na 11,39	11,44

Der Alkohol schien also während des Stehens Wasser angezogen zu haben, wodurch das zuerst gebildete Reactionsproduct in das zweite überging.

Die andere Hälfte der oben besprochenen weissen, mit Aether extrahirten Masse wurde mit Wasser versetzt. Sie löste sich beinahe vollständig darin auf. Beim Einleiten von Kohlensäure schied sich ein Oel ab, welches in Aether aufgenommen wurde, aber nicht zum Krystallisiren gebracht werden konnte. Beim nunmehrigen Zusatz von verdünnter Salzsäure fiel ein halbweicher Körper aus, der aus Aether und dann aus Benzol umkrystallisirt wurde. Aus letzterem Lösungsmittel wurde er in glänzenden, silberweissen Blättchen erhalten. Die Analyse ergab auf Phenyloxybuttersäure stimmende Zahlen:

0,2124 gr exsiccatortrockene Substanz lieferten 0,5186 CO^2 und 0,1294 H^2O.

Berechnet für $C^{10}H^{12}O^3$:	Gefunden :
C 66,67	66,59
H 6,67	6,77

Das Baryumsalz dieser Säure war in Wasser sehr leicht löslich und bildete eine gummiartige Masse. Die Säure selbst löste sich leicht in verdünntem Alkohol und in Schwefel-

kohlenstoff, woraus schöne, durchsichtige, flache Krystalle anschossen. Bei raschem Erhitzen schmilzt sie bei 75°, bei lang-
samem Erhitzen aber schon viel früher unter Abscheidung von
Oeltropfen, welche bei Zusatz einer Spur von Phenylbutyrolacton
sofort fest wurden und dessen Schmelzpunkt (37°) zeigten.
Auch beim Erwärmen mit verdünnter Salzsäure ging sie unter
Wasserabspaltung glatt in das Lacton über. Es unterlag somit
keinem Zweifel mehr, dass wir Phenyl-γ-oxybuttersäure vor
uns hatten.

Die Anlagerung von Natriumäthylat an Phenylbutyrolacton
dürfte etwa nach folgender Gleichung stattfinden:

$$
\begin{array}{ccc}
C^6H^5-CH-CH^2-CH^2 & & C^6H^5-CH-CH^2-CH^2 \\
\quad | \qquad\qquad | \quad + NaOC^2H^5 & & \quad | \qquad\qquad | \\
\quad O \text{———} CO & & \quad O\,Na \qquad COOC^2H^5
\end{array}
$$

Dieses Anlagerungsproduct ist aber eine sehr lockere Verbindung, die bereits durch kaltes Wasser in Alkohol und
phenyloxybuttersaures Natrium zerlegt wird:

$$
\begin{array}{ccc}
C^6H^5-CH-CH^2-CH^2 & & C^6H^5-CH-CH^2-CH^2 \\
\quad | \qquad\qquad | \quad + H^2O = & & \quad | \qquad\qquad | \quad +C^2H^5OH \\
\quad ONa \qquad COOC^2H^5 & & \quad OH \qquad COONa
\end{array}
$$

Eine Condensation oder Polymerisirung konnte also durch
15stündiges Kochen von Phenylbutyrolacton mit einer alkoholischen Lösung von Natriumäthylat nicht erreicht werden,
womit auch die Versuche, welche Morris[1] in der gleichen
Absicht ausführte, übereinstimmen.

Phenylbutyrolacton verhält sich demnach in dieser Be-
ziehung wie Cumarin, welches nach Ebert[2] mit Natriumäthylat erwärmt eine feste Natriumverbindung bildet, die
beim Ausäuern wieder Cumarin ausscheidet.

---

[1] L. J. Morris, Dissertation, Philadelphia 1884.
[2] Annalen 216, p. 141.